AF138004

SV

Band 1552 der Bibliothek Suhrkamp

Søren Ulrik Thomsen
Store Kongensgade 23

Ein Essay

Aus dem Dänischen
von Hannes Langendörfer

Suhrkamp Verlag

Die Originalausgabe erschien 2021 unter dem Titel *Store Kongensgade 23*
bei Gyldendal, Kopenhagen.

Die Übersetzung wurde von der Danish Arts Foundation gefördert.

Erste Auflage 2023
Deutsche Erstausgabe
© der deutschsprachigen Ausgabe Suhrkamp Verlag AG, Berlin, 2023
© Søren Ulrik Thomsen og Gyldendal 2021

Umschlaggestaltung: Willy Fleckhaus
Satz: Satz-Offizin Hümmer GmbH, Waldbüttelbrunn
Druck: Pustet, Regensburg
Printed in Germany
ISBN 978-3-518-22552-3

www.suhrkamp.de

Store Kongensgade 23

Für Jane.

»Auf einmal hatte ich in meiner ohnmächtigen Wut das Bedürfnis, etwas über meine Mutter zu schreiben«
Peter Handke, *Wunschloses Unglück*

1.

Am 14. März kurz nach Mitternacht starb meine Mutter. Es ist Zeit, der Store Kongensgade 23 wieder einen Besuch abzustatten.

2.

Gibt es das eine Jahr oder den einen Ort im Leben eines Menschen, der sich im Lauf der Zeit als der wichtigste erweist? Den Punkt, an dem die Spitze des Zirkels platziert werden kann, weil alles Vorherige traumartig auf ihn hindeutet, und alles Spätere zurück auf dies Zentrum zeigt, dessen Bedeutung man allerdings erst viel später erkennt?

Ja, den gibt es, und man braucht nicht lange mit einem anderen Menschen gesprochen haben, ehe man Zeit und Ort jenes seltsamen Brennpunkts im Leben des Betreffenden einkreisen kann. Denn indem wir älter werden, erzählen wir immer wieder dieselben Geschichten, und auch hier soll eine Geschichte erzählt werden, die ich (zum Teil) schon erzählt habe, doch als Schriftsteller ist man ja auch der erste Leser des Texts, und so tue ich es in der Hoffnung, dass ich, während ich erzähle, unversehens etwas schreibe, was mich selbst überrascht und darum vielleicht auch für andere lesenswert ist.

Und nicht bloß deshalb, denn wozu schreibt man überhaupt? Um den Tod aufzuschieben, um die Geliebte zurückzugewinnen, um Augenblicke einzufangen und zu verewigen, die sonst für immer verloren wären, und umgekehrt vielleicht auch, um sich anderer Augenblicke zu entledigen, in der Hoffnung, dass sie einen nicht bis in alle Ewigkeit heimsuchen. Um seine Erfahrungen mit vollen Händen zu verschwenden, damit man dieselbe Geschichte mit neuer Unwissenheit noch einmal erzählen kann.

Was mich betrifft, ist der Ort die Store Kongensgade 23, vierter Stock, wohin die Familie von der Halbinsel Stevns gezogen war, weil mein Vater, von Beruf Bankassistent, eine Stelle in der Zentrale der Bikuben Bank in Kopenhagen angetreten hatte, und die Zeit vom 12. August 1972 ein Jahr in die Zukunft, und hier erlebte ich als Sechzehn-, Siebzehn-jähriger Dinge, die mich derart bedrückten, dass ich mich kaum an sie erinnern kann, und andere, die so wunderbar waren, dass ich sie bis ins schärfste Detail vor mir sehe. Und auch wenn es natürlich typisch ist, dass diese magische Einheit von Zeit und Ort, die unsere Gedanken immer und immer wieder in Bann zieht, für die allermeisten in der Pubertät, der Umbruchszeit par excellence liegt, wundert es mich doch, dass dieses eine, ferne Jahr meines Lebens nicht längst von den nächsten fünfzig verdichtet ereignisreichen Jahren überschattet wurde.

Ja, es wundert mich, wenn ich an dieses halbe Jahrhundert denke, in dem ich den meisten Menschen begegnet bin, die für mich wirklich wichtig wurden, in dem meine ganze Arbeitskraft steckt, in dem Kunst, Literatur und Musik mich durchströmt haben, in dem ich Gedanken gefasst, verfolgt und zu Ende geführt, in dem ich geheiratet habe und wieder geschieden wurde und meine Jugendliebe nach vielen Jahren schrecklicher Krankheit starb, in dem jähe Eingebungen das Gehirn durchgewirbelt und reinen Tisch gemacht haben, während die bleibenden Erkenntnisse zugleich so diskret und distinkt kamen wie das Geräusch, mit dem ein Tropfen auf den Boden des Spülbeckens ploppt, in dem Verlieben und Bereuen, Sex und Freundschaften und dramatische Feindschaften und Reisen rund um die Welt die Tage und die Träume füllten, begleitet von all den Gesprächen, die sich ineinander verwoben und entwoben und neu anknüpften und unterbrochen und wieder aufgenommen wurden, wenn wir uns an einem beliebigen Dienstag im Café *Blå Time* wiedersahen.

3.

Doch ehe ich meine Geschichte von vorn beginne, muss ich von einer Anfrage des Stadtmuseums Kopenhagen erzählen, das im Jahr 2010 eine Ausstellung über »neue Kopenhagener« plante, für die sowohl Eingewanderte aus anderen Ländern wie auch Zuzügler aus der Provinz gebeten wurden, jeweils einen Gegenstand beizusteuern, der für die Betreffenden markierte, dass sie Kopenhagener geworden waren. Sofort war mir klar, dass mein Beitrag das

Klassenbild der 3. Real U, Sølvgades Skole 1972/73 sein sollte, denn hier ist mein Gesicht unter den dreizehn Kopenhagenern vertreten, mit denen ich in eine Klasse ging, und dass ich als neu eingezogener Bewohner der Store Kongensgade 23 von jetzt an auch Kopenhagener war, hat mich Jungen vom Land seither immer irrsinnig stolz gemacht, heilfroh, wie ich es damals war und heute noch immer jeden Tag bin, begnadigt worden und der Provinz entkommen zu sein. Allerdings war mein Exemplar des Bildes von *Dansk Skolefoto* in miserablem Zustand, und so kam mir die Idee, unsere alte Klassenlehrerin Bodil Ulrich zu fragen, ob sie noch über das Original verfügte.

Bodil muss Mitte dreißig und damit ungefähr zwanzig Jahre älter als wir Schüler der ältesten Klasse gewesen sein; hübsch und mit einem leichten, charmanten norwegischen Akzent war sie voller vorurteilsfreiem, jugendlichem Elan. Lammfellmäntel, Maurerhemden und ergonomische ›Entenschuhe‹ prägten die schwere Jugendmode der Siebziger, wohingegen Bodil mit ›Cateye‹-Brille und Hochsteckfrisur einen viel leichteren und eleganteren Sechziger-Stil weitertrug, und generationsmäßig stand sie ja auch irgendwo zwischen uns und unseren Eltern – jünger und modischer als sie, aber dennoch erwachsen, anders als wir, die wir uns, von Pubertät und Schulmüdigkeit geschädigt, mit einer Unverschämtheit benahmen, die ihre Legitimität aus der Jugendrevolte zog, während wir uns gleichzeitig (im Wissen, dass der Wohlfahrtsstaat uns schon auffangen würde) eine unerhörte, aufreizende Faulheit erlaubten. Treu ihrer Erziehung waren die Mädchen nett und gewissenhaft, die Jungs hingegen gingen vor allem verbal hemmungslos roh und sarkastisch miteinander um, und in dieser durchpolitisierten kulturellen Umbruchszeit teilte sich auch die 3. Real U in eine Bohème-Fraktion und solche, die eine Banklehre machen wollten, und keine der beiden Fraktionen verschonte die andere mit Spott.

Auch wenn ich mich deutlich an so manchen Seufzer über unsere Kindereien erinnere, ergriff Bodil nie Partei, sondern sprach mit jedem einzelnen Schüler gleich wertschätzend und verständnisvoll. Als sie uns fünfzehn Jahre nach unserem letzten Schultag zum Klassenjubiläum in ihr Haus in Gentofte einlud, das genauso stilvoll und sechzigerjahrehaft war wie sie selbst, war offensichtlich, dass sie jeder einzige der ehemaligen Schüler, ungeachtet seines Verhaltens, respektiert und insgeheim vielleicht sogar beinah geliebt hatte, und es war rührend zu sehen, wie alle die Nähe ihres freundlichen, aufmunternden Blicks suchten und ihr Verständnis für die Probleme und ihre Bewunderung für die Siege erheischten, als wir mit roten Backen abwechselnd von den Jahren, die vergangen waren, und den Träumen für die Zukunft erzählten.

Das Telefonbuch verriet, dass sie inzwischen im Esthersvej in Hellerup wohnte, und mein Anruf wurde sofort von ihrem Mann Jørgen entgegengenommen. In jungen Jahren war Jørgen Ulrich ein berühmter Tennisspieler mit einer großen Zahl dänischer Meisterschaftstitel, der es in Wimbledon sogar bis ins Viertelfinale geschafft hatte, doch im Gegensatz zu seinem ebenfalls tennisspielenden Avantgarde-Bruder, Torben, war Jørgen ausgeprägt bürgerlich, Jurist und Direktor einer Versicherungsgesellschaft. Aber auch ihn umschwebte eine Aura der magischen Sechziger, und ohne es wirklich zu wissen, stelle ich mir vor, dass er und Bodil sich auf dem Tennisplatz kennenlernten, von dem sie nach dem Match schlank, schön, ganz in Weiß und die Schläger über den Schultern durch den Sommerabend irgendwohin schlenderten, wo man als selbstverständlichen Ausdruck stilvoller Modernität Drinks und Zigaretten genießen konnte (»zum Klang von Cool Jazz«, hätte ich beinahe geschrieben, mich aber zurückgehalten, um nicht in eine allzu detaillierte Epochen-Szenographie zu verfallen, mit der Filmemacher brillieren, die aber nur selten in der Wirklichkeit existiert hat, die immer mit Wrackresten vergangener Jahrzehnte vollgestopft ist und nur wenigen Elementen *state of the art*: Hinter der niedrigen, minimalistischen Sofalandschaft in weißem Leder sticht unweigerlich eine geerbte Bornholmer Uhr hervor).

Ich erzählte von der Anfrage des Stadtmuseums und meiner Jagd nach dem alten Klassenbild. »Leider wirst du nicht mit Bodil sprechen können«, sagte Jørgen, »sie hat eine Hirnblutung gehabt und kann weder reden noch sich bewegen, obwohl sie irgendwo im Innern bei vollem Bewusstsein ist.« Versteinert und hellwach, was für ein fürchterlicher Gedanke. Ich setzte mich hin und schrieb einen Brief, in dem ich ihr schilderte, wie viel, und weit über das eine Jahr an der Sølvgades Skole hinaus, sie mir bedeutet hatte. Zusammen mit meinem Gedichtband

Anheimgefallen schickte ich den Brief an die Adresse im Esthersvej und bat Jørgen, ihn Bodil ins Krankenhaus mitzubringen. Kurz darauf war mein vierundfünfzigster Geburtstag, was Jørgen, der mich ja gar nicht kannte, in der Zeitung in der langen Liste der Geburtstagskinder vom 8. Mai gesehen haben musste, denn er hatte einen rührend aufrichtigen Glückwunsch auf meinen Anrufbeantworter gesprochen und einen herzlichen Dank für den Brief und die schönen Gedichte, über die Bodil sich sehr gefreut habe.

Zwei Monate später las ich in der Zeitung, dass Jørgen Ulrich auf einer Griechenlandreise gestorben war, im Alter von 74 Jahren. Die Vergangenheit war am Fallen. Vor mir.

4.

Mehr als alles andere verbinde ich mit der Store Kongensgade 23 das rauschhafte Gefühl, dass *jetzt* die Zukunft beginnt, und immer wenn ich die Adresse besuche, erfüllt mich der Anblick des Hauses mit einer intensiven, berauschenden Erwartung einer kommenden Zeit, als verkörperte dieses Haus, in dem ich vor fast fünfzig Jahren gewohnt habe, auf geheimnisvolle Weise den Ort, von dem für immer jegliche Zukunft ausgeht, obgleich er selbst der Vergangenheit angehört.

Ohne Erwartung dessen, was kommt, kann man unmöglich leben, und in späteren Jahren habe ich erfahren, wie all unsre Handlungen, Gedanken und Gefühle, so absolut sie sich auch in einem funkelnden Präsens entfalten und völlig undenkbar wären ohne ihre Voraussetzungen in der Vergangenheit, träumerisch der Zukunft zugewandt sind, wie ein Blatt zur Sonne. Als ich mit sechzig von meiner Frau geschieden wurde, war eine meiner größten Sorgen, dass unsre gemeinsame Zukunft nun Vergangenheit war, denn die Freude, an einem nieselregnerischen Dienstagnachmittag im Oktober Hand in Hand die Willemoesgade entlangzuspazieren, war auch die Freude an dem Gedanken, wir würden es wieder tun, der Genuss von Muscheln in Safransauce und Bistecca mit einer Scheibe Zitrone in dem winzigen Restaurant in der grauen Seitenstraße, die irgendwo in Europa seltsam L-förmig in das Viertel hinterm Odeon-Kino ragt, steigerte sich im Bewusstsein, dass wir einmal an diese Adresse zurückkehren würden, die wir so lange für uns behielten, damit sie, wie die Liebe, immer bereit wäre – nur für uns – wiederaufzuerstehen.

Jedes Buch, das ich lese, inspiriert mich, ein neues zu lesen, und jedes Wort, das ich in diesem Augenblick schreibe, schreibt sich im Verlangen nach dem nächsten, dem ungeschriebenen, das aus der Schrift selbst entsteht. Was geschieht, wenn diese Erwartung sich nicht mobilisieren lässt, habe ich erlebt, als ich vor einem Jahr nach dem Orgasmus den blutigen Samen auf dem weißen Laken sah. Tief erschrocken griff ich gleich am nächsten Morgen zum Hörer und bekam einen Notfalltermin beim Arzt, der anhand der Urin- und Blutproben nichts Beunruhigendes feststellen konnte und mich zur weiteren Abklärung an einen Urologen verwies, was sich wegen Weihnachten und langer Wartelisten einen ganzen Monat hinzog, in dem ich absolut nichts anderes tat, als im Bett zu liegen und die Wand anzustarren, denn auch wenn ich keine Symptome mehr hatte, war es sinnlos, mich in ein Musikstück zu vertiefen, mit einem guten Freund zu Abend zu essen und auch nur eine Zeile zu schreiben oder zu lesen, denn solange ich nicht wusste, ob ich bald sterben würde, konnte ich mich mit ihm ja nicht in der Freude treffen, einander wiederzusehen, und weder lesen noch schreiben in der Erwartung, dass auf jede Zeile eine neue folgen würde. Doch kaum konnte man aufgrund der demütigenden Prostatauntersuchung und der schmerzhaften Zystoskopie sagen, dass das Blut im Samen nichts Ernsthaftes war, sondern wohl von einem geplatzten Äderchen stammte, lief der angehaltene Film mit einem Ruck wieder an.

Nicht allein die Gewissheit, dass nach heute ein neuer Tag kommen wird, sondern dazu die Erwartung, dass auch dieser andere Tag neu, im Sinne von besser als der vorherige, ja, vielleicht sogar wunderbar sein wird, das ist, meine ich, schlicht das, was uns am Leben hält. »Siehe, ich mache alles neu«, sagt Christus der Offenbarung des Johannes zufolge, und wenn ich den Mut verliere und nichts einen Sinn ergibt, denke ich an die Geschichte von der Hochzeit zu Kana, bei der Christus den guten Wein aufhebt bis ganz zuletzt, sodass mir vielleicht sogar am Tag meines Todes das Beste erst noch bevorsteht, wie an jenem Augusttag im Jahr 1972, als ich mich, nach Kindheit und früher Jugend auf Stevns, im vierten

Stock der Store Kongensgade 23 aus dem Fenster lehnte und mit jubelndem Herzen die Sonne im Chrom der Autos blitzen sah, während der Verkehr endlos durch die Straße strömte, in der mein neues Leben begann.

5.

Ole Sarvig, dessen Gedichte für mich so ungeheuer wichtig waren, habe ich nie kennengelernt, denn eine Woche nach seinem sechzigsten Geburtstag im November 1981 beging er durch einen Sprung aus dem Fenster Selbstmord, was mir immer sehr rätselhaft schien. Menschen, die Sarvig kannten und die ich gefragt habe, erzählten alle unterschiedlich und glaubhaft von seinen letzten, unglücklichen Jahren, in die seine in mehr als einem Sinn hoffnungslosen *Kirchenlieder* ergreifende Einblicke gewähren, dennoch konnte mir niemand recht Antwort geben, und als ich neulich auf einem Fest seinem alten Lektor, dem unvergleichlich stilvollen Erik C. Lindgren, begegnete, fragte ich also auch ihn, ob er wisse, warum. »Ich glaube«, sagte er, »Sarvig hatte das Gefühl, dass die Zeit an ihm vorüberging.« Und auch wenn die Zeit im Jahr 1981 in gewisser Weise mehr mit Ole Sarvig übereinstimmte als in den vielen Jahren zuvor (weil meine Generation seine Poesie, kongenial, wie sie sich plötzlich zur Stimmung und der Ästhetik des neuen Jahrzehnts verhielt, wirklich annahm, was er leider nicht mehr richtig erlebte), war er selbst nicht mehr mit diesem seltsamen Phänomen – der Zeit – auf der Höhe, das er knapp vierzig Jahre früher so meisterhaft eingefangen hatte, als er auf »der Brücke der Stunden« stand.

Lindgrens Diagnose wirkte umso überzeugender, als ich mich unangenehm getroffen fühlte. Denn auch ich erlebe, dass die Zeit an mir vorübergeht. Wenn ich morgens irgendwo zwischen Wachen und Schlaf hin- und herschwappe, spüre ich, wie ich dabei bin, eine vertraute – aber deshalb nicht konfliktfreie – Vergangenheit, die mich im Traum umschloss, zu verlassen, und wie kleine, kalte Wellen mich in rascher Folge in eine fremdartige Gegenwart werfen, mit der ich inzwischen so sehr *out of sync* bin, dass ich mir manchmal vorkomme wie ein Kuriosum. Im Großen und Ganzen verstehe ich ja problemlos die Ankündigungen und Besprechungen neuer Bücher, Ausstellungen und Konzerte in den Zeitungen, aber immer mehr Bezüge sind mir fremd, und umgekehrt überrascht es mich jedes Mal, wenn intelligente, gut informierte Menschen, die allenfalls fünfzehn Jahre jünger sind als ich, sich bei Hitchcocks *Vertigo* jämmerlich langweilen, weil er ihnen, Meisterwerk hin oder her, viel zu langatmig ist, und nie von Lyndon B. Johnson, Kommissar Maigret oder Dusty Springfield gehört haben, allesamt unauslöschliche Sterne in meinem Sonnensystem. Als Ole Sarvig aus dem Fenster sprang, war er gerade sechzig geworden, Tove Ditlevsen nahm sich das Leben als Achtundfünfzigjährige, Frank Jæger hingegen war erst einundfünfzig, als er sich zu Tode trank. Die Zeit war an ihnen vorübergegangen, und mit meinen fünfundsechzig Jahren habe ich nun länger gelebt als manche von ihnen und sehe mich jeden Morgen im Spiegel wie ein Gespenst. Na, na, und das von mir, der ich das Gejammer erwachsener Männer, fünfzig zu werden und ihre Jugend zu verlieren, immer damit abtue, keine Klagen darüber hören zu wollen, dass jemand so lange hat leben dürfen, denn wenn ich zurückschaue, sehe ich allzu viele, die allzu jung gestorben sind. Meine Jugendliebe

Annemette, so strahlend schön, über ihre unruhig ornamentierten Bleistiftzeichnungen gebeugt, die sie aus dem Blick verlor, je mehr sie aus Furcht vor ihrer schleichenden Krankheit versteinerte, Michael, der mir in der Classensgade über den Weg lief und mit dem ich mich künstlich über alles Mögliche unterhielt, nur nicht die Chemotherapie, die ihm, wie ich ja nur zu gut sah, bloß hier und da etwas Flaum auf dem Schädel gelassen hatte, Majken, die aus Aarhus anrief und erzählte, sie sei plötzlich am ganzen Körper gelb angelaufen, und mich bat, bei ihrer Hochzeit, die sie gerade noch erlebte, Gedichte zu lesen. Und der immer zu einem Lachen aufgelegte, flachsblonde Svend aus der Dorfschule, der mit seiner Mutter kellnern ging und seine Homosexualität in der Enge des Landlebens nicht ausleben konnte, sondern von der Charterreise ein gewisses Virus nach Hause brachte.

Und blicke ich nach vorn, sehe ich, wie tapfer geplagt von akuten sowie vorübergehend in Schach gehaltenen Krankheiten die meisten von denen sind, die bloß zehn Jahre älter sind als ich, und da es wenig wahrscheinlich ist, dass es mir anders gehen sollte, lebe ich also in dieser Gespensterzone wie ein

dankbar Begnadigter, dem vor all dem sauren Wein
graut, den er vor dem guten trinken muss.

6.

Mir graut davor, plötzlich in der S-Bahn auf dem
Sitz zusammenzusacken, an einem Freitagnachmit-
tag an einer der Hochstationen südlich von Kopenhagen, wo das Licht einer Industrieküche durch das
Novemberdunkel brennt.

Aber mir graut auch vor dem Alter.

Mir graut vor den Gebrechen, den Schrullen und
der Deckenbeleuchtung in den Linoleumfluren jener Einrichtungen, die alle zehn Jahre einen neuen
Namen bekommen, vor Scham über den Geruch
von Kot und Chemie, der an dem vorigen klebt:
Altenheim, Pflegeheim, Reha-Zentrum, Betreutes
Wohnen.

Mir graut vor den leichten Symptomen, die in ihrer Zweideutigkeit entweder harmlos sind oder fatal,
der leichten Kurzatmigkeit, die wohl nur bedeutet,
dass man eben kein Sportler ist, und nicht unbedingt ein Omen für den Erstickungstod, dem ste-

chenden Schmerz, der von etwas ausstrahlen könnte, das in den Knochen lauert oder in den Därmen
gärt, aber auch bloß von einer Muskelverhärtung
oder einem gequetschten Nerv (gibt es das?) stam-
men kann, den Tasten, die man etwas zu häufig nicht
richtig trifft, und den Kochutensilien, die man von
Zeit zu Zeit fallen lässt und bei denen man ja nicht
gleich an die Familienkrankheit Parkinson denken
muss, es aber eben doch tut.

Mir graut selbst vor dem vergleichsweise harmlo-
sen Zustand, in dem man durchaus noch allein zu-
rechtkommt – einkaufen, Miete bezahlen und auf
dem Handy tippen –, obwohl etliche der tausenden
Fäden, die im Lauf eines langen Lebens mühselig
zwischen dem Aquarium der Innenwelt und der kalten Realität geknüpft wurden, gerissen sind und
man neben seinem rationalen Verhalten eine undefi-
nierbare Wunderlichkeit verbreitet, die andere zwei-
mal hinschauen lässt, ehe sie hastig den Blick abwen-
den.

So wie ich, als ich ihn nach fünfundvierzig Jahren
plötzlich auf der Straße sehe – kein Zweifel, es ist
derselbe Mann, an den ich mich als recht junger
Mensch wandte, aus Verzweiflung über die heftigen

Angstanfälle, die es mir unmöglich machten, ein auch nur halbwegs geregeltes Leben zu führen, weil die Anfälle völlig unvorhersehbar auftraten und sich nur dadurch lindern ließen, dass ich mich auszog und mit dem Gesicht nach unten auf den kalten Boden legte, damit der Unterschied zwischen der Wärme der Haut und der Kälte des Bodens meinen Körper allem anderen entriss und mich eine Weile als selbstständigen Planeten im Universum etablierte. Aber die permanente Erwartung, dass die Angst bald wieder zuschlagen würde, gepaart mit der Ungewissheit, wann, raubten mir komplett das Vermögen, selbst über mein Leben hier und jetzt oder auch nur eine Woche im Voraus zu bestimmen. Was war die Ursache dieser rätselhaften, sprachlosen Angst, die mich lähmte? Ich muss gemeint haben, dass dieser Mann darauf eine Antwort wusste, aber wie ich auf ihn gekommen war, kann ich mich nicht erinnern – bestimmt über eine Annonce, in der er die Bezeichnung Psychoanalytiker verwendete, was leider auch damals kein geschützter Titel war, weshalb jeder, der gern einer sein wollte, sich auch als solcher bezeichnen konnte. Und genau so habe ich ihn auch in Erinnerung, nämlich als »einen, der gern Psychoanalytiker wäre«, wie er da vor dem Regal mit der blauen *Standard Edition* von Freuds *Complete Works* hinter der Couch auf dem Stuhl saß, mit einem seltsam allwissenden, betont nachsichtigen buddhistischen Lächeln, das mir jedenfalls keinerlei Hilfe oder Erkenntnis bescherte. Und an diesem Lächeln erkenne ich ihn sofort wieder, obwohl er inzwischen ein alter Mann ist, auffällig gekleidet, in schlabbrigen Second-Hand-Sachen und schlumpfartig übers linke Ohr runtergerutschter Mütze, während sein ewiges, unmotiviert vor dem Gesicht schwebendes Lächeln von einem Mann zeugt, der sich auf seine alten Tage, nicht wirklich verrückt, aber eben auch nicht ganz richtig im Kopf und weit davon entfernt, nach und nach vom Dasein berichtigt worden zu sein, nun völlig einer illusorischen Vorstellung dessen hingibt, wer er ist.

Mir graut vor dem Hinschwinden der Persönlichkeit und der Sinne. Dass ich selber nicht den muffigen Geruch der Wohnung bemerke, wenn ich Gästen die Tür aufmache, den schmuddligen Unterhemdrand, aus dem der magere Hals ragt, die abgedroschenen Witze und die womöglich nicht ganz sauberen Kuchenteller, nein danke, wir haben gerade schon gegessen, aber lieb von dir (und da wachsen schon Haare an den Wänden).

Mir graut davor, am Ende nicht die Balance halten zu können, die mir bis jetzt einigermaßen geglückt ist, nämlich die eigene Bitterkeit weder ganz zu verleugnen noch sich von ihr beherrschen zu lassen, denn keiner erreicht ein gewisses Alter, ohne Bitteres zu wissen, von dem man wünscht, man wüsste es nicht, das man aber nicht wieder nichtwissen kann. Und so fürchte ich, ich könnte mir aus Furcht vor dieser blinden Verbitterung vormachen, mich kaum daran erinnern zu können, von Feinden demonstrativ angepöbelt und von Freunden diskret im Stich gelassen worden zu sein, wie mir andererseits davor graut, von meinem Zorn auf Menschen, die mich gekränkt haben, derart besessen zu sein, dass ich ihnen erlaube, auch noch die kostbare Zeit zu tyrannisieren, die mir vielleicht noch bleibt. Irgendwann steht in jeder Aussicht ein schwarzer Turm, an dem es weder gilt vorbeizuschauen, sodass die Landschaft zu einer pastoralen Idylle verflacht, noch sich so hypnotisieren zu lassen, dass man den Blick für die ganze Aussicht verliert.

Mir graut vor dem Verwischen der sekundären

Geschlechtsmerkmale, wenn die aufgeweichten Gesichtszüge und das Fett an den Hüften Männer zwar nicht weiblich machen, aber doch viel von ihrer Männlichkeit nehmen, wie auch die rauere Haut im Gesicht und die vorstehenden Adern an den Händen die Weiblichkeit älterer Frauen schmälern, sodass entscheidend wird, dass die Kleidung den Geschlechtsunterschied markiert: Was ein schicker Blazer und ein schön geschnittener Rock nicht bewirken können, um unsere Würde als Männer und Frauen zu wahren, und wie verdammt trist ist doch der Anblick eines älteren Ehepaars, das in identischen Windjacken und neonfarbenen Joggingschuhen komplett vor der praktischen Bequemlichkeit kapituliert hat und jetzt aussieht wie zwei in unförmige Stofftüten gestopfte, leberfleckige Klöße?

Andererseits graut mir auch davor, Frauen zu begegnen, die ich in jungen Jahren begehrt habe und die sich jetzt in verbissenem Protest gegen das Älterwerden die Haare färben, anscheinend ohne von dem Schauder zu wissen, den der Anblick der pechschwarzen Haare, die sich in die totenblasse Kopfhaut bohren, hervorruft, so wie ich meinerseits fürchte, von der Verzweiflung des greisen Mannes über den Verlust seiner Potenz gepackt zu werden, die sich in obszönem Verbalexhibitionismus äußert, über den andere nur schwer ihr Unbehagen bekunden können, ohne als körperfeindliche, altersdiskriminierende Spießer zu gelten. »›Gib's mir! Gib's mir!‹, schrie sie, als ich sie gevögelt hab«, prahlt der abgemagerte Alte mit Tropf im Arm und monströsem orthopädischem Stiefel aus grauem Plastik ums Bein.

Mein erster Gedanke nach der telefonischen Nachricht vom Tod eines alten Freundes heute Morgen war, Pia Juul anzurufen, um mit ihr zusammen zu trauern und gemeinsam unseres Freundes zu gedenken, doch in der nächsten Sekunde fiel mir ein, dass Pia ja auch nicht mehr da ist. Und obschon ich jeden Tag fürchte, auf dem S-Bahn-Sitz zusammenzusacken, graut mir auch davor, so lange zu leben, dass ich am Ende allein im *Haus Sonne* hocke und in ein Adressbuch voll durchgestrichener Namen all meiner Lieben starre, während die widerwärtigsten Arschlöcher quicklebendig herumspazieren und Gottes unerforschlichen Ratschlüssen frech ins Gesicht lachen.

Und als ich heute später am Tag zum Grab meiner Mutter auf dem Holmen-Friedhof ging und mir einfiel, dass die Absprache zwischen meiner Frau und mir, gemeinsam begraben zu werden, mit der Scheidung ja hinfällig wurde, durchfuhr mich ein irrationaler Schrecken bei dem Gedanken, die Ewigkeit allein verbringen zu müssen.

7.

Jetzt zögern meine Finger über den Tasten, denn indem ich mich der Zeit und dem Ort, an dem die Spitze des Zirkels platziert ist, nähere, erinnere ich nicht nur den Rausch, in die Store Kongensgade 23 gezogen zu sein, sondern auch das Gefühl der Verlorenheit, das sich jetzt als schier unmöglich zu beschreiben erweist, weil es nicht an bestimmte Ereignisse geknüpft ist, die sich in der Erinnerung aufzeichnen und anderen mitteilen lassen, sondern eher eine Art Stimmung ist, die wie die Angst die seltsame Doppelheit hat, zugleich nicht greifbar und alles durchdringend zu sein. Neulich erwachte ich völlig versunken in das Wiedererleben dieses Gefühls des Verlorenseins, das eigentlich vor fast fünfzig Jahren hinter mir verschwunden war, doch als ich mich an den Schreibtisch setzte, um es einzufangen, war es in seiner unheimlich wirkenden Sprachlosigkeit sofort entwischt. Und ich, der eigentlich dachte, das Verlorenheitsgefühl meiner Jugend würde in diesem Essay so viel Raum einnehmen, muss jetzt, da es ans Formulieren geht, feststellen, dass nichts von ihm geblieben ist als das Bild von mir als spindeldürrer, langhaariger Sechzehnjähriger eines Sonntagabends, der nach noch einem Wochenendbesuch bei meinen alten Kameraden auf Stevns an den Reihenhäusern, Autohändlern und schäbig-feinen Gaststätten des Gammel Køge Landevej entlangtrottet, in der Hoffnung, es per Anhalter nach Kopenhagen zu schaffen, wo ich noch so gut wie niemanden kenne. Zur Linken pulsieren die Lichter der endlosen Vorstadtwohnblocks im Septemberabend, gegen den Horizont ragen die neuen Hochhäuser von Brøndby Strand und Frihedens Stationscenter, und nie, weder früher noch später, habe ich mich kleiner und fremder gefühlt, durchsichtig und unruhig, ein zufälliges, knisterndes Stück Zellophan, das der Nylonwind jeden Moment zerreißen und wegwirbeln könnte, als der Bus 121 zum Toftegårds Plads mich überholte und im

Dunkel verschwand. Dass die Verlorenheit damit zu tun haben könnte, dass meine Mutter sich bei meiner Heimkehr nicht in der Store Kongensgade 23 befinden würde, weil sie wieder in einer geschlossenen Anstalt war, kam mir nicht in den Sinn.

8.

Und erst jetzt kommt mir in den Sinn, dass meine lebenslange Abscheu vor der Provinz vielleicht ebenso sehr wie mit den konkreten Verhältnissen in dem kleinen »Groß Heddinge« vor einem halben Jahrhundert damit zu tun hat, dass der Kummer über die Krankheit meiner Mutter so gewaltig war, dass ich ihn nicht zu sehen ertrug, wenn ich in mich hineinschaute, wo er residiert haben muss wie ein Diktator, dass sich dieser Kummer aber gerade noch so ertragen ließ, wenn ich beim Blick die Vestergade entlang die Niedergeschlagenheit in den kleinen, halb eingesunkenen Häusern registrierte, wo ein Kreidler mit Fuchsschwanz an der Fassade lehnte und in der Küche hinter den nikotingelben Nylongardinen eine defekte Leuchtröhre blinkte.

Und ich war bei weitem nicht der einzige Teenager in der Provinzstadt, der außer, dass wir gut in der Schule sein, uns sozial einfügen und die Konturen der Genitalien der Mädchen in den engen Gabardinehosen anstarren sollten, mit dem elterlichen Unglück leben musste, und trotzdem ist das Erste, was mir einfällt, wenn ich daran denke, wie sehr durch den Wind wir eigentlich waren, nicht mein erdrückendes Wissen über Krebserkrankungen, Alkoholismus, Scheidungen oder Lars Heidemanns skelettdürre, sklerosekranke Mutter im Rollstuhl, sondern die Erinnerung an Dachzimmer mit Jutetapeten an den Schrägen, flackernde Stumpenkerzen und Kokosteppiche, wo wir auf dem Schubkastenbett zu einem Haufen gedrängt Geborgenheit in der Gruppe suchten, während *Bad Moon Rising* aus der Stereoanlage hämmerte und die Glutpunkte der Zigaretten im Halbdunkel glommen.

Ein bestimmtes Schwarzweißbild trifft und bündelt für mich die Benommenheit, die jeder einzelne von uns gespürt haben muss, nämlich das Bild der Hauptfigur (fast unerträglich ergreifend gespielt von einem jungen Jesper Klein) in dem Film *Die Ballade von Carl Henning*, den ich 1969 als Dreizehnjähriger auf Stevns im Kino sah: Vornübergebeugt, die linke Hand zitternd um den Jackenhals geklammert, fährt Carl-Henning auf seinem Moped durch eine flache, diesige Landschaft.

Aus unbekannten Gründen verfolgt besonders eine Stelle in der Stadt mich noch immer in stillen Albträumen, nämlich das Stück Hauptstraße vom Markt zur Egestræde, und hier träume ich nicht selten, ich bin gefangen und gerate in Panik, weil sich zeigt, dass ich unmöglich nach Kopenhagen zurückkommen kann. Als ich den Ort vor ein paar Jahren aufsuchte, stand das schon längst geschlossene Hotel Phønix beunruhigend heruntergekommen mitten in der Stadt wie eine Brandfalle: Durch das Tor und über den mit Unkraut überwucherten Hof sah man das Hinterhaus, das jetzt so verwahrlost wirkte, als könnte es jeden Augenblick einstürzen, und der bloße Gedanke, den Hof zu überqueren, die Tür zu öffnen und die modrige Treppe zum Saal hochzugehen, in dem wir freitags unter der Diskokugel tanzten, erfüllte mich mit dem Schauder, der einen überkommt, wenn der Wiederbesuch bei der Wirklichkeit bestätigt, dass sie ein Traum ist.

9.

Auf einer Lesereise nach München entdeckte ich in einem Antiquitätengeschäft einen prächtigen Art-déco-Schreibtisch aus lackierter Birke mit Intarsien aus Zitronenholz, in den ich mich vom Fleck weg verliebte, und da es mir an diesem Punkt meines Schriftstellerlebens allmählich auch in ökonomischer Hinsicht gut ging, schien es nicht ganz ausgeschlossen, das schöne Stück durch einen kühnen Federstrich von Deutschland nach Dänemark zu schaffen. Wäre das etwa nicht ein würdiger Arbeitsplatz für einen anerkannten Dichter? Mein erster Schreibtisch im Jungszimmer in unserem Haus auf Stevns war ein mickriges, klappriges Ding aus dem Versandkatalog von Daells Varehus, aber als ich mit siebzehn von zu Hause auszog, nachdem ich nur ein einziges Jahr in der Store Kongensgade 23 gewohnt hatte, brachte ich einen schmalen, dunklen Eichenholzschreibtisch mit, den ich von meiner Mutter übernommen hatte und der gerade so vors Fenster meines Acht-Quadratmeter-Mietzimmers in der

Købmagergade passte, in dem jeder Neueingezogene wohnen musste, bis man in der Mietshaushierarchie aufstieg. Und als dann ich an der Reihe war, eins der großen Zimmer zu übernehmen, kam der festliche Tag, an dem ich mich mit einer Erleichterung, die ich erst lange später verstand, von dem kleinen Erbstück trennen und im Geschäft *Nyt i Bo* mein erstes ganz eigenes Möbelstück anschaffen konnte, einen schönen, hellen Kieferntisch, der mit seiner gleichsam einen Hauch über den Beinen schwebenden Platte eine Augenweide ist, an der ich noch immer jeden Tag meine Freude habe, wenn ich mich an die Arbeit setze. Im letzten Augenblick beschloss ich nämlich, das Art-déco-Wunder doch nicht zu kaufen, sondern meinen alten Kiefernholztisch zu behalten, mit Beinen, die die Waldkatze Pjevs als Kratzbaum benutzt hat, und einer Tischplatte, an welcher der tägliche Gebrauch und Tee und Tabak und Teller- und Tassenränder ihre Spuren hinterlassen haben: Denn plötzlich fiel mir ein, dass ich an diesem Tisch beginnend mit *City Slang* alle meine Bücher geschrieben hatte, und was, wenn ich mich von ihm trennte und hinter meiner grandiosen Trophäe sitzend entdeckte, dass ich nun kein Wort schreiben konnte, weil meine Bücher vielleicht sozusagen aus der Platte des Kiefernholztisches *gewachsen* waren. An dem ich nun also sitze und mich frage, was wohl aus dem kleinen Eichenholztisch geworden ist, den meine Erinnerung zum ersten Mal an dem Tag im Sommer 1969 verzeichnet, als ich das Zimmer meiner Mutter in unserem Haus auf Stevns betrat und sie an eben jenem Tisch sitzen und an die Wand starren sah, was den Anfang von sieben Jahren geistiger Krankheit und meiner Pubertät markierte.

10.

Später vernichtete meine Mutter die Tagebücher der Jahre 1969–76, und ihre Erinnerungen an jene Zeit waren sehr spärlich, nach insgesamt fünfunddreißig Elektroschocks und monströsen Mengen antipsychotischer Medikamente, darunter Truxal, Trilafon, Lysantin und Sinquan – samt Fenemal und Phenytoin zur Behandlung der von den Psychopharmaka verursachten epileptischen Anfälle. Doch aus dem Büchlein *Ein Alltagsleben im 20. Jahrhundert und andere Geschichten aus dem Leben der Familie*, in dem meine Mutter im Jahr 2004 zur Freude von uns Nachkommen das Leben unserer Vorfahren bis weit zurück ins Jahr 1833 schildert, ergibt sich diese nüchterne Chronologie: Im Sommer 1969, als ich ihr Zimmer betrete und sie an dem schmalen Eichentisch sehe, litt meine Mutter an einer schweren Müdigkeit, und nach einer gründlichen Untersuchung durch Doktor Olsen in der Jernbanegade, der keinerlei körperliches Leiden feststellen konnte, sondern zu dem Schluss kam, es handele sich um eine Depression, wurde sie in das Psychiatrische Krankenhaus in Vordingborg, auch Oringe genannt, eingeliefert, aus dem sie nach fünf Schockbehandlungen entlassen wurde, obgleich sich mit ihren eigenen Worten aus dem Familienbuch »leider zeigen sollte, dass ich alles andere als gesund war«. Im Herbst 1970 folgte eine Einweisung in das Zentralkrankenhaus Næstved, wo man rasch beschloss, sie weiteren acht Schockbehandlungen zu unterziehen, und vier Monate nach dem Umzug der Familie von Stevns in die Store Kongensgade 23 im August 1972 wird meine Mutter schließlich in die psychiatrische Abteilung des Städtischen Krankenhauses Kopenhagen eingeliefert (auf dessen Gebäude ich beim Schreiben gerade vom Kiefernholztisch aus schaue). Hier wird sie am 8. Januar 1973 entlassen, muss aber bereits am 6. März desselben Jahres nach Montebello in Helsingør, von wo sie in die geschlossene Abteilung des Rigshospitalet verlegt wird, die vierzehn Schockbehandlungen vornimmt, ehe man sie am 9. November entlässt. Doch am 2. April 1975 wird meine Mutter erneut eingewiesen, diesmal ins Sankt Hans Hospital in Roskilde, wo sie – abgesehen von sieben Wochen im Sommer – den Rest des Jahres zubringt und dabei von einer Station zur anderen weitergereicht wird. Auf einer dieser Stationen behandelt sie der Psychiater Mogens Jacobsen, der sich nicht für ihre einen halben Meter hohe Krankenakte interessiert, sondern für sie, und sie einfach durch Gespräche sowohl aus der Depression wie auch weg von den Medikamenten holt, sodass sie im Januar 1976 aus dem Psychiatriesystem entlassen werden kann, in das sie nie wieder zurückkehrt, da sie rasch – und für immer – von den Medikamenten loskommt und schon am 1. Februar desselben Jahres beinah wie durch ein Wunder wieder ihre Arbeit als Sekretärin aufnimmt und danach vierzig gute Jahre verlebt.

11.

Ein wenig peinlich berührt vom Wiedersehen mit meinen nicht sonderlich scharfsinnigen, altklugen Bleistiftnotizen an den Rändern (die in ihrer Bemühtheit um Selbstbeherrschung doch auch verzeihlich sind), blättere ich in einem Buch, das ich im selben Jahr kaufte, als meine Mutter entlassen wurde, nämlich Peter Handkes *Wunschloses Unglück*, welches vom Selbstmord seiner Mutter handelt. Und obwohl auch meine Mutter so unglücklich war, dass sie sich mehrmals umzubringen versuchte, war sie den allergrößten Teil ihres Lebens nicht bloß so voller Wünsche, sondern auch voll erfüllter Freude am Dasein, dass sie in einem ihrer vielen Gedichte schrieb: »So herrlich wie auf Erden / wird's doch wohl nirgends sein / und komm ich in den Himmel / steck ich sie einfach ein«. So humorvoll, intelligent und sinnlich, wie meine Mutter war, fürchte ich, beim Versuch, den Ort in meinem Leben einzukreisen, an dem die Spitze des Zirkels platziert ist, ein allzu einseitiges Bild von ihr wie auch ihrer Bedeutung für mich zu zeichnen. Inspiriert von Orhan Pamuks *Istanbul* und W. G. Sebalds *Austerlitz*, erwog ich eine Zeit lang, dieses Buch mit kleinen Schwarzweißfotos zu versehen, doch der Zusammenprall zweier dieser Bilder liefe in seiner stummen Übermacht Gefahr, meine Mutter zu einem Opfer zu reduzieren – der Depression wie auch der Psychiatrie. Das eine Bild mit der Unterschrift »Hanne und Peter. Kalundborg 1944« zeigt meine Mutter als hoch aufgeschossene Dreizehnjährige, die mit blonden Locken, Strickpulli, Karokleid und Wollkniestrümpfen an den Streichholzbeinchen voll Zärtlichkeit auf eine Schildkröte blickt, die sie behutsam in Händen hält. Auf das andere stieß ich durch Morten Kirckhoffs und Jan Elhøjs Buch *Abandoned*, das unter Bildern verlassener Orte aus aller Welt auch sieben Fotos einer längeren Serie aus Oringe, dem psychiatrischen Krankenhaus in Vordingborg, enthält. Auf meine Anfrage hin war Kirckhoff so freundlich, mir die ganze Serie zu schicken – und da war sie, die Fotografie eines tragbaren Elektroschockapparats. Aus einem mit Flugrost überzogenen Gehäuse in dem cremefarbenen Email, das heute bei Küchenmaschinen im gefälligen Retro-Look so beliebt ist, schlängeln sich zwei schwarze Kabel mit Elektroden zur Anbringung an den Schläfen, dazu ein Knopf zur Regulierung der Stromstärke und eine mysteriöse Drehscheibe, wie bei einem Telefon. Es stimmt nachdenklich, das Bild dieses primitiven Apparats zu betrachten, der sehr wohl, als sie erwachsen war, genau der gewesen sein könnte, den man benutzt hatte, um Strom durch das Gehirn des blonden Mädchens zu schicken, das auf dem anderen Foto die Schildkröte Peter hält.

12.

In den sieben Jahren, die meine Mutter im Krankenhaus lag, kann ich mich nur an einen einzigen Besuch bei ihr erinnern, denn während mein Vater sie jedes Wochenende nach der Arbeit in der Bank besuchte, wollte sie nicht, dass ich und meine zwei jüngeren Brüder mitkamen: Ich glaube, dass sie sich zusätzlich zur Depression so sehr mit Selbstvorwürfen über die Vernachlässigung ihrer Mutterrolle plagte, dass es für sie zu schmerzhaft war, uns zu sehen, und auch wenn sie nie darüber sprach, weiß ich aus einer Bemerkung in ihrer Familienchronik, wie sie den Rest ihres Lebens darunter litt, dass sie damals nicht für uns Jungen hatte da sein können, die 1969, als ihre Krankheit begann, dreizehn, neun und sechs Jahre alt waren. Aber eines Tages im Jahr 1973 bestand sie plötzlich darauf, dass ich sie in der geschlossenen Abteilung des Rigshospitalet besuchen sollte, und ihr Anblick, fürchterlich abgemagert, mit einem verwaschenen, blassroten Krankenhausnachthemd bekleidet, überdreht lachend und mit unnatürlich leuchtenden Augen, wird mir immer in unheimlicher Erinnerung bleiben, denn weit davon entfernt, geheilt zu sein, war sie nach einer Serie von Elektroschocks nun akut manisch.

Zufällig war ein Mädchen in meinem Alter, mit dem ich nie ein Wort gewechselt, das ich aber in Thomas P. Hejles Jugendhaus aus der Ferne bewundert hatte, auch auf Krankenbesuch, vielleicht bei *seiner* Mutter: Ein Schulkamerad und ich nannten das Mädchen Die Zerknautschte, weil sie im Jugendclub immer, wie es zu der Zeit Mode war, mit unter einem Riesensweater hochgezogenen Beinen an der Wand lehnte. Unsagbar schön war sie mit langen, dunklen Haaren und marmorweißer, sommersprossenverzierter Haut, und als eine der anderen apathischen Patientinnen, die alle dieselben schlottrigen Krankenhaushemden trugen, mich bat, einen Teller Pralinen herumzureichen, fühlte ich mich komplett meiner Würde beraubt und kastriert, als ich vor Der Zerknautschten stand und ihr artig den Teller hinhielt.

Die Manie meiner Mutter verflog so schnell, wie sie gekommen war, denn sie war ebenso künstlich wie alles andere, was die Psychiatrie ihr zu bieten gehabt hatte. Nun war sie wieder depressiv, und der Professor sagte zu meinem Vater, er solle sich auf seine Söhne konzentrieren, mit dem Unterton: Denn Ihre Frau wird nicht wieder gesund. Diese Bemerkung hat mein Vater immer wieder zitiert, mit bitterer Spitze gegen die Autorität des Urteils, das sich als falsch herausstellen sollte, da meine Mutter drei Jahre später ja doch gesund wurde (auch in hohem Grad dank der Liebe und Unterstützung meines Vaters, dessen Geduld nicht jeder Mann in den besten Jahren aufzubringen gewusst hätte). Ein seltsamer Zufall wollte es, dass dieser Psychiater im selben Gebäude, in dem meine Eltern zwanzig Jahre später eine Wohnung kauften, eine Privatklinik betrieb, und auch wenn man von ihm nicht verlangen konnte, sich nach all den Jahren an jeden einzelnen seiner vielen ehemaligen Patienten zu erinnern, hätte es ihm doch gut zu Gesicht gestanden, eine Person zu grüßen, die er täglich im Treppenhaus sah.

Er soll sonst ja ein phantastischer Mensch sein, wie ich von einer alten Freundin höre, die ihn konsultiert. Eine Schönheit wie Nico war sie in ihrer Jugend, rasend witzig und so intelligent, dass sie trotz ihrer Herkunft aus der Arbeiterklasse als Einzige von uns ihr Studium abschloss, jetzt lebt sie schon seit vielen Jahren ihre Nachtschattenexistenz als Frührentnerin, seltsam benebelt und aufgedunsen, wie man es von den schweren trizyklischen Medikamenten nun mal wird, die ihr Psychiater für weit wirksamer als die modernen hält.

13.

»So fliegt der Romanzenchor / dir auf die Lippe. / Schließ von ihm, wenn du beginnst / das Wirkliche aus, denn es ist verächtlich«, zitierte ich Mallarmé auf einem kleinen Zettel, den ich mit Stecknadeln an die Wand meines kleinen Mietzimmers pinnte. Die Arroganz dieser Zeilen appellierte natürlich an meine jugendliche Überheblichkeit, aber ich glaube auch, dass sie, außer der Warnung davor, einem Realismus zu verfallen, der die Auffassung vom Gedicht als selbstständigem Universum zu unterminieren droht, mir persönlich als Protest gegen ein Dasein diente, das von der Depression meiner Mutter so gefärbt war wie ein Glas Wasser, in dem sich ein einzelner roter Tropfen auflöst, dass diese Wirklichkeit, wenn ich eine Chance haben sollte, irgendwie erwachsen zu werden, in ein Schweigen im Text verbannt werden musste, bis ich mich in diesem Herbst fünfundvierzig Jahre später nun daranmache, dieses Buch zu schreiben.

Die Male, die ich früher von dieser entscheidenden Zeit in meinem Leben erzählt habe – vor allem in dem Essay »Der Weg zwischen zwei Schulen«, den ich vor einunddreißig Jahren schrieb –, habe ich mich nämlich darauf beschränkt, zu erwähnen, dass meine Mutter »sehr krank« gewesen sei und »jahrelang im Krankenhaus« gelegen habe, ohne näher darauf einzugehen, was es mit dieser Krankheit auf sich hatte (»um die Schmerzpunkte macht er einen

Bogen«, schrieb Ulrik Høy in seiner Rezension). Das lag in erster Linie an der Rücksichtnahme auf sie, denn meine Mutter wollte über ihre düsteren Jahre nicht reden, erwähnte man sie, schrumpften ihre Augen zu zwei kleinen Knöpfen, unter keinen Umständen sollten die nicht wenigen Menschen, denen sie später begegnete, z. B. an Arbeitsplätzen oder beim Winterbaden, und mit denen sie fröhliche Stunden verbrachte, ihr mit diesem Wissen begegnen. Doch jetzt, da ich hier sitze und zu erzählen versuche, was, wie ich mir vorgestellt hatte, frei fließen würde, wenn meine Mutter tot war, spüre ich einen Widerstand in den Tasten, der allein von mir kommen kann.

Und nur, weil es Herbst ist, fast Winter, habe ich trotzdem den Mut, weiterzuschreiben, denn aus Gründen, die, wie ich glaube, etwas mit der Store Kongensgade 23 zu tun haben, ist der Herbst *meine* Jahreszeit, in der es mir immer gut geht, auch wenn vieles vielleicht besser sein könnte. In der das Licht zu einem grauen Spalt im Lauf von Tag und Nacht schrumpft und der mächtige, rastlose Laubhang der Bäume hinsinkt und unter den Schuhen knirscht, während die schwarzen Skelette der Stämme wie un-

deutbare Zeichen verharren, wodurch die Außen-
welt einem gnädig die Bürde nimmt, tief in sich und
völlig allein alles tragen zu müssen, was verfällt, stirbt
und verschwindet. Direkt aus dem grellen Super-
marktlicht tritt man in die vorletzte Nachmittags-
stunde, da die Dohlenschwärme sich in den Bäumen
versammeln, um bald mit dem Dunkel zu verschmelzen, das auch uns verbirgt und den Sorgen des Tags
eine Grenze setzt.

Wenn ich nun die Daten der Ereignisse im Herbst
1972 betrachte, glaube ich zu wissen, weshalb diese
Jahreszeit, in der alles auf einmal auflodert und ab-
stirbt, mir so viel bedeutet. Es ist Spätsommer, als
die Familie nach Kopenhagen zieht, und die ersten
zwei Monate sind für mich sehr schwierig, der ich
an der Sølvgades Skole immer noch der Neue in der
Klasse bin und gleichzeitig meine alten Freunde ver-
misse, die ich nur an den Wochenenden sehe und mit
denen ich von Besuch zu Besuch weniger gemeinsam
habe, weil wir mittlerweile in verschiedenen Welten
leben.

Aber wenn ich an mich selbst in diesem Herbst
zurückdenke, tritt an die Stelle des Bilds von dem
durchgefrorenen Anhalter auf dem Gammel Køge

Landevej allmählich das eines jungen Kerls, der die unüberschaubare Stadt erkundet, und unmerklich weicht die Einsamkeit der Erleichterung, allein zu sein und frei von den Blicken, die im Nacken stachen, wenn man durch die Straßen des Provinzstädtchens ging, die alle in denselben windigen Marktplatz mündeten. Und gerade weil ich von außen kam, war Kopenhagen für mich keine triviale Selbstverständlichkeit, sondern eine fremde Schönheit, der ich mich zu gleichen Teilen mit Angst und Verliebtheit und intensiven, ahnungsvollen Träumereien über all das Wunderbare näherte, das mir hier, wo alles geschehen kann, begegnen würde, und selbst die alltäglichsten Phänomene in der oktoberdunklen Stadt wurden zum Gegenstand meiner Faszination: die Säule aus Licht, die plötzlich in einem fernen Treppenhaus angeht, die S-Bahn, die am Hochgleis von Nørrebro Station dicht an Küchenfenstern vorbeirattert, hinter denen die Bewohner gerade den Abwasch machen, geheimnisvolle Gestalten in einem Hauseingang, das dämmrige Schachtelsystem der Hinterhöfe, Oktober, wenn die wunderbare Klarheit der vielen weißen Lichter kulminiert. Sosehr die Store Kongensgade ein Fest des Verkehrs und erleuchteter Schaufenster war, noch gesteigert von der – für eine Hauptverkehrsader – Enge von Gehsteig und Fahrbahn, ruhten die Straßen zur Sølvgades Skole in monumental modernistischer Stille, da große Teile von Adelgade, Borgergade und Sølvgade Anfang der Fünfziger komplett abgerissen wurden, um Neubauten Platz zu machen, die noch heute genau so stehen, wie sie gebaut wurden, was bedeutet, dass ich von meiner jetzigen Wohnung nur sieben Minuten mit dem Rad fahren brauche, um so merkwürdig wie mirakulös fünfzig Jahre in der Vergangenheit zu sein. Und besonders an Herbsttagen wie heute, da die Straßen so menschenleer sind wie in den Siebzigern und alle Fenster im architektonischen Kronjuwel des Viertels, Dronningegården, im Nebel strahlen, erlebe ich wieder, wie das Glück über mein neues Leben und das Unglücklichsein wegen meiner Mutter, die, als es Dezember wird, wieder eingeliefert werden muss, diesmal ins Kommunehospital, sich miteinander verflechten und zu ein und derselben Stimmung verdichten.

14.

Mit Dankbarkeit denke ich daran, dass meiner Mutter nach ihren sieben Jahren in der Psychiatrie ganze zweiundvierzig reiche Jahre beschieden waren, ehe sie mit siebenundachtzig von der Krankheit eingeholt wurde, die bereits ab dem Alter von fünfzig das Leben ihrer Mutter, ihres Bruders und ihres Onkels zerstört hatte. Trotz des entschlossenen Versuchs, nach einer Reihe Attacken von Krankheiten ohne Namen wieder zu Kräften zu kommen, sollte sich ihr Traum, noch einmal als Winterbaderin »die Zehen in den Øresund zu tunken«, wie sie zu sagen pflegte, als hoffnungslos erweisen, denn als sie im Rehazentrum Norgesminde auf einmal nicht mehr den Kopf heben konnte, ahnten wir, dass es Parkinson war, obwohl niemand in dieser merkwürdigen Einrichtung, die keinen einzigen Arzt beschäftigt, sich darüber gewundert, geschweige denn darauf reagiert hatte, dass ihr Kopf jetzt tief auf der Brust hing und sich nicht mehr heben ließ.

Eines Tages bat sie meinen Vater, ihr die Gedichte zu bringen, die sie ihr ganzes Leben über geschrieben hatte, und als ich die beiden Ringordner auf dem Fensterbrett des kleinen Pflegeheimzimmers sah, war mir klar, dass ich mich jetzt dazu überwinden musste, sie alle zu lesen und ihr zu sagen, was ich von ihnen hielt, wenn ich mir nicht den Rest meines Lebens vorwerfen wollte, dass ich *ihre* Gedichte – im Gegensatz zu meinem jüngeren Bruder Morten, der viele von ihnen vertont hat – nie wirklich gelesen oder kommentiert hatte, während meinen eigenen größte Aufmerksamkeit zuteilgeworden war, nicht zuletzt von ihr. Warum hatte ich mich immer so schwergetan, diese Gedichte, die ich nur flüchtig kannte, wirklich zu lesen? Weil ich fürchtete, meiner Mutter zu nahe zu kommen, der ich ohnehin schon so nahstand, dass eine gewisse, sei's auch nur innere Distanz nötig war, und besonders bange war mir vor den Gedichten, in denen sie über ihr Leben während der Depression als lebendig Begrabene schreibt, die dem Tod einzig dank der Liebe zu und von meinem Vater zu trotzen vermag, und beides, die tiefe Verzweiflung wie auch die Liebe, waren für mich zu heftig, etwas, dessen ich kein Mitwisser sein sollte. Zumal zwischen meiner Mutter und mir schon immer eine besondere Verbindung bestanden hatte, vielleicht, weil ich nicht der Erstgeborene, sondern der erste Lebende bin, nachdem der erste kleine Sohn meiner Eltern noch als Säugling gestorben war.

Auch wenn ich also nie wusste, was der Grund für die tiefe Traurigkeit meiner Mutter war, habe ich wie ein Echolot in einem Tiefseegraben, schon seit ich Kind war, ihre Verstimmtheit gespürt, obwohl ich selbst, auch an den schlimmsten Tagen, immer zu neugierig auf das Morgen war, um an Selbstmord zu denken, und jetzt als älterer Mann eigentlich, trotz meiner Angst vor den Jahren, die kommen, eine solche Freude an einem Dasein habe, in dem die meisten meiner Sorgen sich mit so bescheidenen *drugs* wie feinblättrigem Ceylon von Østerlandsk Thehus und kräftigem Virginia-Tabak der Marke Blå Capstan kompensieren lassen.

Als Reaktion auf meinen Essay über das Lesen, »Diszipliniertes Schwänzen«, murrte eine Kolumnistin von *Politiken*, Rikke Viemose, dass ich unter vierunddreißig Werken nur zwei von Frauen geschriebene erwähne. So eine Aufzählung wäre mir nie in den Sinn gekommen, aber mit einem raschen

Blick auf meine Büchersammlung kann ich konstatieren, dass sie nicht ganz falsch liegt, vielleicht lese
ich einfach lieber Bücher, die von Männern geschrieben wurden? In den Regalen der Familie gab es ein
paar Bücher, auf denen für mich eine düstere Stimmung lastete, weil sie, wie ich aus Gesprächen meiner Eltern schlecht und recht verstand, von unglücklichen Frauen handelten: Birgit Tengroths *Ich will
mein Leben zurück* und nicht zuletzt Karen Stampe
Bendix' *Aus dem Dorngestrüpp meines Lebens*, dessen Titel mit seinen Assoziationen zu Christi Dor-
nenkrone eine Identifikation von Weiblichkeit, Leiden und Idealisierung verstärkte, die in meinem
Bewusstsein wohl schon vorhanden war, denn wenn
in meiner Familie die Ursache für die Krankheit meiner Mutter zur Sprache kam, wurde oft auf die besondere Empfindsamkeit verwiesen, für die wir sie
ja alle liebten, und damit war das Gleichheitszeichen
zwischen weiblichem Leiden und Überhöhung so
gründlich gesetzt, dass ich bei den meisten Frauen,
in die ich mich im Lauf meines Lebens verliebte
(und immer gleich befürchtete, sie könnten sterben),
voller Angst erst die Knochen sah und dann den Körper – und zwar so sehr, dass sich, als ich im Erwach-

senenalter den Titel von Jytte Villadsens Buch *Depression, dein Name ist Frau* sah, die Faktoren kurzerhand zu *Frau, dein Name ist Depression* vertauschten.

15.

Doch als ich in der Sølvgades Skole zum ersten Mal das Klassenzimmer der 3. Real U betrat und Jane erblickte, sah ich definitiv den Körper und nicht die Knochen. Trugen die Mädchen auf Stevns adrette Namen wie Henriette, Liselotte und Susanne, hießen sie hier, wo im Viertel damals immer noch die Arbeiterklasse wohnte, kurz und kess Mercy, Kate – und Jane, die heißeste von ihnen allen, unmöglich, sie nicht ständig anzuschauen, blond und mit der Ausstrahlung einer 1000-Watt-Birne, dem großen Lächeln und sich spielerisch vollkommen ihrer Wirkung bewusst, mit der sie sowohl die Jungs als auch die Lehrer perplex machte, wenn sie um Feuer bat und sich dabei viel zu dicht neben sie stellte. Eines Abends, als ich meinen Mut zusammennahm und sie anrief, zeigte sich, dass ich sie beim Duschen ge-

stört hatte: »Ich tropfe«, sagte sie, was meine nächt-
lichen Träume zum Überlaufen brachte.

Ein braves Mädchen war sie sonst, tüchtig und
fleißig in der Schule und in der Freizeit Verkäuferin
in der Pariser Konditorei in der Østerbrogade, aber
auch ein wilder Feger in der Diskothek Corner am
Sølvtorvet oder auf Acid-Trip im Dyrehaven Park
mit Affe-Morten, Sellerie, Mik-Mak und Komet. Ihre Familie war aus einem Hinterhof in der Krystal-
gade raussaniert worden und wohnte jetzt in einem
Hochhaus, dessen Name nicht passender hätte sein
können, nämlich *Dronningegården*, Königinhof, und
das sich mit all seinen leuchtenden Fenstern und
spitzen, gotisch inspirierten Giebeln wahrhaft hoch
in den Himmel türmte. Hochhäuser! Hinterhöfe!
Und der helle Flaum auf Janes Schenkeln. Und die
Musikkassette mit *Starman*, die wir immer und immer wieder hörten. Geheimnisvoll verbanden sich
die Phänomene zu einer unruhigen Kette von Be-
deutungen, in der Janes Telefonnummer (Minerva
1936), die regennassen Straßen, ihr schimmerndes
Geschlecht und all die Tage, die noch kommen sollten, den Platz tauschten und ununterscheidbar ineinander verschmolzen. Wie gut sie roch, wenn wir

in meinem Zimmer zum Hof in der Store Kongensgade 23 auf dem Bett lagen, wo sie mir einen Schmetterlingskuss mit den Wimpern gab, und als wir auf der Klassenfahrt in eine noch größere Stadt, nämlich London, unter den Bogen des Marble Arch rannten und uns, ringsum vom Verkehr umrauscht, küssten, verschmolz die Verliebtheit in Jane traumartig mit der Verliebtheit in eine Stadt, so groß, dass sie nie enden würde.

Die meiste Musik, die heute tatsächlich wieder die Stimmung der frühen Siebziger in mir wachzurufen vermag, ist bei weitem nicht so avanciert und ›progressiv‹, wie das Hippie-Magazin *Superlove* vorschrieb, sondern wesentlich poppiger und *catchy*, sie schlich sich aus offenen Fenstern und Transistorradios in meine Ohren oder drang durch meine Zimmerwand aus dem Bad, in dem mein jüngerer Bruder Claus mit einem Drink auf dem Wannenrand und bei offener Tür zu seinem Zimmer, wo *Wig Wam Bang* und *Telegram Sam* aus den Lautsprechern dröhnten, in der Pop-Suppe schwamm, voll Vorfreude, in seinem Goldhemd auf eine Party zu gehen. Und wenn so mancher männliche Schriftsteller immer wieder auf die Pubertät zurückkommt, liegt das sicher, wie die Obsession von Popsongs mit der Teenagerliebe, an der Offenbarung der ersten richtigen Begegnung mit der ersten Frau, die nicht die eigene Mutter ist. Denn Jane war einfach nur froh, und wohl nicht ohne Zusammenhang mit ihrer Herkunft aus der Kopenhagener Arbeiterklasse von einer großzügigen, unkomplizierten Sexualität, die sie mit einem Lachen verschenkte, ohne dass man am nächsten Tag mit Schuldgefühlen aufwachen, sich mit einem weiblichen Dunkel verbinden oder eine dieser beklemmenden Liebschaften eingehen musste, von denen man nicht mehr loskommt, je mehr ein immer unentwirrbareres Garn unausgesprochener Ambivalenzen die Beteiligten miteinander verstrickt. Bald würden wir jeder seinen Weg gehen und an je unsrem Ort in der Welt erwachsen werden, sie in der Karibik und ich in dem Kopenhagen, das mir begegnete, während ich Jane kennenlernte, an die ich ohne Sentimentalität denke, immer aber mit Freude, weil sie, mit den Worten von Alex Michaelides, »meine Einladung ins Leben war«.

16.

Die beiden Ringordner mit den Gedichten meiner Mutter nahm ich mit nach Hause und las sie ganz langsam in dem Korbstuhl in meinem kleinen Lesezimmer. Die meisten Gedichte, die sie an jedem einzelnen Tag ihrer Krankenhausaufenthalte geschrieben hatte, hatte sie selbst aussortiert, aber eine Handvoll handelten, wie ich geahnt und befürchtet hatte, von der Depression und beruhten auf dem Kontrast zwischen dem Dunkel, das sie selbst war, und meinem Vater – der Sonne, die sie am Leben hielt, auch wenn sie sich den Tod wünschte.

Doch als ich die Gedichte zurückbrachte, war es gar nicht so schwer, wie ich mir vorgestellt hatte, in ihrem Zimmer in Norgesminde zu sitzen und über die Texte zu reden, die auch von allem möglichen anderen als der hoffnungslosen Niedergeschlagenheit handelten: den Jahreszeiten und der Stille, der Nachbarstochter mit der dunklen Ponyfrisur, dem Genuss von Rotwein und der Erinnerung an Straßen, in denen sie früher gewohnt hatte, sowie eine lange Reihe übermütiger Nonsensverse, allesamt grundsolides sprachliches Handwerk, inspiriert von der Dichtergeneration ihrer Jugend. »Die ersten und letzten Zeilen sind gut, aber mit der zweiten und dritten Strophe bin ich noch nicht zufrieden, was meinst du?«, fragte sie mich, und dann erörterten wir das Für und Wider verschiedener Formulierungen mit der kühlen Nüchternheit, die unser Zusammensein nun prägte und das Letzte war, womit ich in einer Situation, die doch eher Auslöser schier unerträglicher Gefühle hätte sein sollen, gerechnet hatte, denn meine Mutter saß nach einem kurzen, heftigen Krankheitsschub jetzt versteinert und schmerzgeplagt und mit tief auf der Brust fixiertem Kopf da wie ein seltsames Schaltier.

Auf einem Foto, das wenige Jahre vor dem Parkinson-Ausbruch aufgenommen wurde, sieht man sie in einem sehr schönen roten Kleid und der für sie typischen Scheu, fotografiert zu werden, und hätte ich im Moment der Aufnahme gewusst, in was für einem furchtbaren Zustand sie sich bald befinden würde, hätte ich nicht geglaubt, dass ein Zusammensein mit ihr möglich wäre, ohne es als grausame Wiederholung der Leiden zu erleben, die sie durchgemacht hatte, als ich in der Pubertät war. Hatte ich in all den Jahren, in denen ich fürchtete, ihr zu nahe zu kommen, eine überspannte Fantasie, die mehr mit mir zu tun hatte als mit ihr, oder war das Verhältnis zwischen der alten Dame und ihrem inzwischen sechzigjährigen Sohn jetzt einfach ein anderes? Jedenfalls erinnere ich mich gern an die Tage in dieser Einrichtung, wo wir, verbunden, ohne miteinander zu verschmelzen, die inneren Welten in Ruhe ließen und hauptsächlich über praktische und notwendige Dinge sprachen: Ob ich Ruth zum Geburtstag einen Strauß von ihr kaufen könnte? Welche Hilfsmittel zu installieren wären, ehe sie zu meinem Vater nach Hause in die Wohnung ziehen konnte, und wann es sich wohl einrichten ließe, dass sie duschen könne. Darüber, Bier und Sprite für den defekten Zimmerkühlschrank zu holen und ihr Romane von Amos Oz, Lee Harper und Knut Hamsun zu beschaffen. Wenn ich sie so verkrüppelt im Rollstuhl sitzen sah und hörte, wie sie trotz ihrer verwaschenen Parkinsonaussprache der Wörter, nach denen sie immer häufiger suchen musste, begeistert von ihrer Lektüre erzählte, staunte ich erneut über das paradoxe Schicksal des Menschen –

ausgestattet mit einem Geist, der mühelos Zeit und Raum überwindet, und doch gekettet an dies Stück Fleisch, dem gegenüber wir nahezu machtlos sind.

Jeden zweiten Tag kam ich sie besuchen und brachte außer den Büchern Kleinigkeiten mit, die ihr in der Zwischenwelt des Reha-Zentrums vielleicht Freude bereiten mochten: ein kleines Transistorradio in ihrer Lieblingsfarbe Rot, einen Schminkspiegel, einen elfenbeinweißen Taschenkamm in einem ledernen Etui von Taylor of Old Bond Street, über das sie mit ihren schlanken Fingern fuhr, denn sie hatte immer schon eine Vorliebe für schöne Dinge, und stets gut angezogen und adrett herausgeputzt zu sein, mit frisch lackierten Nägeln und hier und da ein wenig glitzerndem Goldschmuck, war ihr ein Lebensbedürfnis, auf das sie ihres derzeitigen Zustands wegen nicht verzichten wollte, im Gegenteil, wann kommt der Friseur?

Eines Tages, ich hatte gerade die Tür zum Zimmer meiner Mutter hinter mir zugezogen, um, doch ein wenig bedrückt, nach Hause zu gehen, sah ich einen Servierwagen mit einem Schild, das die unvermeidliche Tristesse der unverzichtbaren Wohlfahrtsgesell-

schaft genial auf den Punkt bringt: »1 Scheibe Brot/
Stück Kuchen per gemeldetem Bürger.«

17.

Kein Wunder, dass eine meiner Lieblingsbeschäfti-
gungen als Kind ›Büro spielen‹ war, denn so, wie
mein Vater morgens mit dem Rad zur Bank fuhr
und meine Mutter zu einem der Büros, in denen
sie Sekretärin war, arbeitete meine Großmutter als
Buchhalterin in der familieneigenen Buchdruckerei
in Kalundborg, wo Tante Inger am Amtsgericht und
Onkel Ove bei der Krankenkasse angestellt waren.

Und die Sekretärinnenarbeit war für meine Mutter ein wahres Vergnügen, dem sie sich mit eben jener Doppelheit von Ernst und Leichtigkeit hingab,
welche die Voraussetzung eines jeglichen guten
Spiels ist. Neu angestellt in einer chaotischen An-
waltskanzlei, organisierte und katalogisierte sie mit
Leidenschaft alle Papiere, Akten und Dokumente
in übersichtliche Mappen, Ordner und Schränke,
und auch Bleistifte, Stempel und Umschläge fanden
ihren logischen Platz. Wie die Lust am Lesen von Li-

teratur, am Hören von Songs und Liedern, am Diskutieren oder daran, einen Hüpfer ins Meer zu machen, war die Büroarbeit ihr eine lebenslange Freude, von ganz jungen Jahren als Aushilfe bei der Post in Kalundborg und dann als ›Stenomädchen‹ in der Kopenhagener Redaktion der Stiftstidende in der Laksegade bis dahin, als sie nach den sieben Jahren ihrer Krankheit wieder als Sekretärin arbeitete, erst bei einer Reihe von Anwälten, danach im Technischen Landesverband und bei der Ingenieursinnung: Wurde ihr langweilig, oder wusste man sie nicht zu schätzen, kündigte sie und fand rasch ein anderes Büro, das sie auf Zack bringen konnte.

Ist es nicht ungewöhnlich, dass ein Mann aus dem Bürgertum eine Frau aus der Arbeiterklasse heiratet, war es im Fall meiner Eltern umgekehrt, denn während die Mutter meines Vaters Putzfrau und sein Vater Fabrikarbeiter war (der mit sechzig an einem Lungenkrebs starb, der gut daher kommen mochte, dass die Arbeiter in der Schwefelsäurefabrik in Kalundborg das giftige Granulat ohne jeglichen Schutz direkt vom Boden schaufelten), war mein Großvater mütterlicherseits, Albert Vejlø, zunächst Redakteur von Kalundborg Avis, dann Inhaber der Buchdruckerei Vejlø in der Kordilgade sowie kurze Zeit für die konservative Volkspartei Mitglied des Folketing und Bewohner einer herrlichen Villa, die er in provinzbürgerlicher Souveränität auf dem Møllebakken mit Blick auf die ganze Stadt hatte errichten lassen. Und auch die Geschwister meiner Großmutter führten das Bürgertum fort: Karen, die einen Abschluss in Wirtschaftswissenschaften machte, in die USA auswanderte und unter Roosevelts zweiter New-Deal-Regierung Arbeit im Landwirtschaftsministerium fand, Børge, der als Ingenieur mit Kampsax für den Bau der transiranischen Eisenbahn nach Persien ging und später bescheiden und grandios zugleich im Herkules-Pavillon im Kongens Have hauste, und Volmer, der die Druckerei übernahm und in seinem schönen, modernen Haus am Gisselørevej zum Wasser hin mit Tante Kiss und ihren vier eleganten und intelligenten Kindern, die für meine zehn Jahre jüngeren Kinderaugen einen Kennedy-Clan-haften Glamour ausstrahlten, wenn sie beim Segeln in der Optimist-Jolle ihre langen, sonnengebräunten Körper in den Wind reckten, an der Sonnenseite lebte.

Dass sich das Leben meiner Großmutter dagegen

bescheiden, um nicht zu sagen ärmlich gestaltete, lag zum einen daran, dass sie (ebenso wie eine weitere Schwester), abgesehen von dem wenigen, was sie lernte, wenn sie ihrem Vater im Büro der Druckerei zur Hand ging, keinerlei Ausbildung bekam, und zum anderen, dass sie, die selbst eine umwerfende Schönheit war, den flotten und charismatischen jungen Journalisten Henning heiratete, in den man sich leicht verlieben konnte, der sich aber mit seinem sprunghaften Temperament, und ganz gleich, wie viele Gedichte er ihr auch schrieb, für meine Großmutter bei weitem nicht als verantwortungsvoller Ehemann erweisen sollte, ebenso wenig wie er seinen Kindern – meiner Mutter und ihren zwei Brüdern – ein zuverlässiger Vater war. Die unzähligen Male, wenn ich über die möglichen Ursachen für die spätere Depression meiner Mutter spekuliert habe, bin ich in Gedanken immer bei meinem Großvater verharrt oder, genauer gesagt: bei dem Leben meiner Mutter mit ihrer schicksalgebeutelten Mutter und der so faszinierenden wie unsicheren Gestalt ihres Vaters, von dem ich angeblich die Angewohnheit geerbt habe, unruhig im Zimmer auf und ab zu gehen, den ich aber nie kennengelernt habe, da er im April 1945, als meine Mutter dreizehn Jahre alt war, in einem Zimmer in Kopenhagen an Gehirnentzündung starb, nachdem er sich zum dritten Mal von meiner Großmutter getrennt hatte, die in ihren folgenden neunundvierzig Jahren als Witwe sein Porträt über dem Bett hängen hatte, vielleicht der einzige Ort in dieser Welt, an dem für sie wirklich eine Begegnung mit dem Mann möglich war, der, wenn er sich morgens im Spiegel sah, rief: »Ich bin schön wie Adonis!«

Unstet war Henning und somit das Leben in der Familie, die vierzehnmal in ebenso vielen Jahren umziehen musste, weil er aus unbekannten Gründen immer nur kurz in seinen Anstellungen verblieb, sei's als Journalist bei Østsjællands Folkeblad, Frederiksborg Amts Avis, Børsen und Ringkøbing Amts Dagblad oder als Pressesekretär der Bellahøj-Ausstellung und Impresario des Fünischen Kammerorchesters ... Dort, wo er Frau und Kinder nicht mitbringen konnte, wohnte er mal hier, mal da in provisorischen Unterkünften, während meine Großmutter sich mit den Kindern durchschlagen und die Demütigung dulden musste, dass der Gerichtsvollzieher als Pfand für unbezahlte Hotel- und Restaurantrechnungen die Esszimmermöbel mitnahm. Ob mein Großvater kündigte oder gefeuert wurde – und warum –, ist nicht bekannt, doch aus der Familienchronik meiner Mutter, der ich all diese Fakten verdanke, geht hervor, dass er aufgrund von durch chronisch wiederkehrenden Kiefer- und Nebenhöhlenentzündungen verursachten Kopfschmerzen ständig ins Krankenhaus eingeliefert und operiert wurde, bis ihn, wie lang von den Ärzten prophezeit, die tödliche Gehirnentzündung einholte, die wenige Jahre später mit Penicillin beherrschbar gewesen wäre.

»Wenn du mit Volmer reden willst, komm lieber schnell, denn er lebt nicht mehr lang«, sagte Tante Kiss, und so setzte ich mich in den Zug nach Kalundborg, um Onkel Volle von seiner jugendlichen Bewunderung für den dreizehn Jahre älteren Henning erzählen zu hören und, wie sich herausstellte, seiner Enttäuschung und Wut über das unberechenbare Wesen dieses Mannes. Nie vergesse ich die Atmosphäre an jenem Spätwintertag im Jahr 1997, als ein stahlgrauer Sturm die Wellen des Fjords aufwühlte und Volmer, der ein Krankenhausbett mit nach Hause in den Gisselørevej bekommen hatte, in der dämmrigen Stube lag und über die unruhigen Wasser sah und seine Erzählung mit dem Fazit beendete: »Dein Großvater war ein Psychopath«, was mich umso mehr schockierte, als ich Volmer, der die Freundlichkeit und Diskretion in Person war, nie ein kritisches Wort über einen Menschen hatte sagen hören. Als ich die Sache einige Jahre später mit einem von Kiss' und Volmers Söhnen, der Arzt geworden war, besprach, verstummte er plötzlich und sagte dann, ob es aufgrund dessen, was wir über Hennings labiles Gemüt, unstetes Dasein und hartnäckige physische Beschwerden wüssten, nicht möglich wäre, dass er Syphilis gehabt haben könnte? Eine Theorie, über die ich nie mit meiner Mutter sprach, die in ihrem Leben schon genug Anlass zu Grübeleien hatte.

Nach dem Tod meines Großvaters stellte sich heraus, dass er – verantwortungslos bis zum Schluss (oder lag es an der Gehirnentzündung?) – nicht die letzte Prämie seiner Lebensversicherung bezahlt hatte, die infolgedessen verfiel, weshalb meine Großmutter, die nun allein mit drei Kindern war, sich zur Aufbesserung ihres bescheidenen Lohns für die Büroarbeit in der Druckerei mit 27 Kronen und 79

Øre im Monat vom Dänischen Journalistenverband begnügen musste, plus 100 Kronen zu Weihnachten, für die sie sich jedes Jahr schriftlich bedankte.

Von ihren bescheidenen Konfirmationsgeschenken blieb meiner Mutter besonders eine Handtasche aus Schollenleder in Erinnerung, die sehr schnell Risse bekam, und erst als Erwachsener begriff ich, wie arm meine Großmutter wirklich gewesen war, denn als Kind erlebte ich sie als eine Art Dame von Welt, und obwohl sie es sich nach dem Tod ihrer Eltern nicht leisten konnte, die Familienvilla auf dem Møllebakken zu übernehmen, und nun ohne Bequemlichkeiten in einem winzigen Haus im weniger schönen Teil der Stadt leben musste, in dem nicht nur Kommunisten wohnten, sondern auch der Gestank eines Schweineschlachthofs in der Luft hing, erhielt sie ihre bürgerliche Frau-Vejlø-Würde aufrecht, gnädig höflich gegenüber den Händlern und außergewöhnlich elegant in den hübschen Kleidern, die ihr Schwester Karen aus Washington sandte. Als mir 1991 die Aarestrup-Medaille verliehen wurde, schenkte meine damals sechsundachtzigjährige Großmutter mir ein winziges Buch, kaum größer als eine Streichholzschachtel, nämlich eine Auswahl von

Emil Aarestrups Liebesgedichten. Es war ein Geschenk von Henning.

18.

Wer mein Großvater war, was meine Mutter eigentlich bedrückte, was Mogens Jacobsen zu ihr sagte, warum die Jugendfreunde meiner Eltern, die mich so faszinierten, fast alle plötzlich verschwanden, als meine Mutter erkrankte, was aus ihnen wurde und was, außer einer Angst ohne Namen, eigentlich während der Pubertät in mir vorging, weiß ich nicht, und wenn ich die Wohnung in der Store Kongensgade 23 vor mir sehe, ist sie seltsamerweise stets leer, verzeih also, dass Du ein Buch über all das, was sein Verfasser nicht weiß, in Händen hältst. Andererseits: Was ich weiß, darüber muss ich nicht schreiben, denn ich weiß es ja schon.

Und um etwas zu erfahren, was ich nicht wusste, wandte ich mich eines Tages mit Mitte zwanzig erneut an einen Psychoanalytiker, und, wie sich zeigen sollte, diesmal den richtigen. Nach der Konsultation bei einer Psychiaterin ging ich, vollkommen im Klaren darüber, dass diese ansonsten sehr lebhafte und sympathische Person mir niemals würde helfen können, niedergeschlagen durch die Stadt, und als ich an einer Telefonzelle vorbeikam, ging ich hinein, klappte das Branchenbuch auf, blätterte in den gelben Seiten und rief den Sekretär der Dänischen Psychoanalytischen Gesellschaft, John Vitger, an, der mir ein paar sondierende Gespräche vorschlug, die beiden Parteien Klarheit schaffen sollten, ob dies ein gangbarer Weg war.

Mein Weg zur Psychoanalyse begann mit einer Ablehnung der Psychiatrie, die von dem Entsetzen über die Behandlung meiner Mutter herrührte, unterstützt von der sogenannten Antipsychiatrie, welche die etablierten Behandlungen im Pakt mit dem Zeitgeist als Teil der allgegenwärtigen Unterdrückung des Individuums durch ›die Gesellschaft‹ sah. Ronald D. Laings Bücher im hübschen, schmalen Format der *Bibliotek Rhodos* stehen noch immer bei mir im Regal, und so brillant diese Texte in vielerlei Hinsicht auch sein mögen, war eine auf ihrem Ansatz basierende Behandlung keine einleuchtende Perspektive, so wie der hitzige ideologische Charakter der Bewegung vielleicht einen jungen Mann ansprach, aber keine solide geistige Kost für einen auch nur etwas älteren war. Der inzwischen am Institut für Literaturwissenschaft studierte, wo die Achtundsechziger mich mit der Psychoanalyse bekannt machten, deren Beharren darauf, dass das, was der Mensch sagt oder schreibt, tatsächlich auch etwas *bedeutet* und ein Schlüssel zum Verständnis ist, überzeugender wirkte als die Vorstellungen der Psychiatrie von der Psyche als Produkt biochemischer Prozesse.

Dass die Studentenbewegung sich wieder ernsthaft an die Lektüre von Freud machte, nachdem er jahrzehntelang von Leuten abgetan worden war, die sein Werk nur in primitiven Versionen aus zweiter Hand kannten und mit pompösem Überblick behaupteten, das habe »»man‹ schon längst hinter sich gelassen«, halte ich für einen der größten Verdienste dieser Generation, und ich bedauere zutiefst, dass die Psychoanalyse in den Psychologiestudiengängen der Universitäten heute eine Randerscheinung ist, dafür aber in weit weniger seriösen Varianten und mit einem (leider verständlichen) Ansehensverlust zur Folge als »versunkenes Kulturgut« auf den Yogamatten der vielen selbstgebastelten Psychotherapiemilieus floriert, in deren Hände ich mich persönlich ebenso ungern begeben würde wie in die der Krankenhauspsychiatrie.

Und so wie die Achtundsechziger für mich eine Art intellektuelle große Brüder und Schwestern waren, von denen ich ungeheuer viel gelernt habe und mit denen ich weiterhin viel Gedankengut teile und, so verschieden unsre Ansichten auch sein mochten, immer mit Freude und Gewinn diskutiert habe, war der 1928 geborene Vitger *grand old man* für diejenigen Achtundsechziger, die eine Ausbildung zum praktizierenden Analytiker machen wollten.

Kaum hatte ich Vitgers großes, schönes Eckbüro zum Park um die Nervenklinik Montebello in Helsingør, an der er Oberarzt war, betreten, wusste ich, dass ich am rechten Ort war, und so nahm ich in den folgenden Jahren Woche für Woche Platz auf dem Stuhl und erzählte von meinem Alltag, meiner Familie, meiner Geschichte, von Gedanken, Wünschen und bösen Träumen, während er nur hin und wieder eine Bemerkung oder eine versuchsweise Deutung einflocht, die stets in der Schwebe blieb und nie absolut war. Enttäuschte es anfangs meinen kindischen Ehrgeiz, dass ich nicht als klassischer

Analysand (der viermal die Woche auf der Couch liegt) angenommen wurde, stellte es sich doch rasch als die richtige Entscheidung heraus, dass die Sitzungen weniger intensiv waren und ich, anstatt ganz meiner inneren Welt ausgeliefert zu sein, dem Analytiker von Angesicht zu Angesicht gegenübersaß, der auf diese Weise beruhigend meinen Blick festhalten und einen vorübergehenden Rückzug begleiten konnte, wenn das Material zu überwältigend wurde, denn es gehörte dazu, dass der Weg zu den befreienden Erkenntnissen so unbehaglich sein konnte, dass ich manchmal nicht die geringste Lust hatte, auch nur ein Wort zu sagen.

Wer erwartet, diese Jahre ließen sich als dramatische *Case-Story* nacherzählen, in der der scharfsinnige Analytiker irgendwann genügend Beweise gesammelt hat, um ein bestimmtes Ereignis herauszugreifen oder das Problem mit einem augenöffnenden Aperçu auf den Punkt zu bringen, den muss ich enttäuschen, denn was geschah, kann ich nicht anders beschreiben, als dass die sprachlose Angst *einer* Person in der Begegnung mit den Deutungen, Blicken und dem Schweigen einer anderen in dem Maß, wie sie nach und nach Sprache wurde, langsam Territorium verlor – nicht bis an den Punkt, an dem man in irgendeinem normativen Sinn »gesund« war, aber doch so weit, dass man in der Lage war, sein Leben zu leben. Notwendig für solch ein Gelingen ist natürlich, dass beide Parteien sich grundlegend auf einer Wellenlänge fühlen und das subjektive Erkenntnisinteresse des Patienten Hand in Hand mit dem objektiven des Analytikers geht, ebenso wie der Analysand den Fähigkeiten des Analytikers in einem Maß vertrauen muss, das anfangs geradezu an eine Idealisierung grenzt, auf die der Analytiker seinerseits nicht angewiesen sein darf.

Und das war Vitger eindeutig nicht, denn er ruhte in sich selbst – freundlich, humorvoll und intelligent, wie er war, überaus aufmerksam und zugleich leicht reserviert, und immer mit Jackett und Krawatte bekleidet, was den formalen anstatt den privaten Charakter der Beziehung unterstrich. Er meisterte die heikle Balance, sich in die intimste Welt eines anderen Menschen einzufühlen und gleichzeitig die kühle Distanz zu wahren, welche die Voraussetzung dafür ist, dass beide Parteien in der Situation sein und in diesem speziellen, bewusst künstlichen Raum Erkenntnis schaffen können. Und er verstand es, auf akute Bedürfnisse nach Anerkennung, Ermunterung und Beruhigung einzugehen, ohne sich manipulieren zu lassen oder davor zurückzuschrecken, wenn nötig eine Rolle einzunehmen, die meinen Wünschen nicht entgegenkam, sondern vielleicht direkt widersprach oder ganz den Boden entzog.

Natürlich kommt der Impuls, sich in Psychoanalyse zu begeben, immer daher, dass mit einem etwas nicht stimmt, aber sofern der Wunsch nach einem weniger beschwerlichen Leben nicht wirklich dringend ist, würden wohl die Wenigsten die Unannehmlichkeiten ertragen, die mit einer solchen Behandlung zwangsläufig einhergehen. Gegen Ende meiner Jahre bei Vitger geschah allerdings etwas, das zum Nachdenken anregt, nämlich, dass sich der Fokus unmerklich von der Frage, warum's mir so schlecht ging, zur Gegenfrage verlagerte, warum ich im Grunde genommen so gut beieinander war und mich trotz allem jeden Tag auf den nächsten freute. Und herrschte auch kein Zweifel daran, dass die Krankheit meiner Mutter eine entscheidende Rolle für die Angst spielte, die zusammen mit meiner Pubertät einsetzte, als die natürliche Loslösung des Jungen von seiner Mutter, statt genau jetzt in Fahrt zu kommen, aus Sorge um sie gebremst wurde, war ebenso klar, dass ich es der Liebe eben jener Mutter und der inspirierenden Lebenstüchtigkeit meines Vaters zu verdanken habe, dass es mir noch an den schlechtesten Tagen immer auch gut geht.

19.

Von der Store Kongensgade 23 ist mir die gedrückte Stimmung haften geblieben, die sich rasch einstellte, nachdem meine Mutter wieder einmal entlassen worden war, und es ein weiteres Mal hieß, sie sei jetzt gesund, was sich vorzumachen im Lauf der Zeit mehr und mehr Mühe kostete, und ich erinnere mich an die stumme Qual, mitzuerleben, wie sie jedes Mal darum kämpfte, der Illusion gerecht zu werden, obwohl sie im Lauf der Tage immer durchsichtiger wurde, bis sie schließlich auch dieses Mal zusammenbrach und erneut eingeliefert werden musste.

»Der Selbstmord als Sprache« notierte ich als Zwanzigjähriger auf Seite 68 von *Wunschloses Unglück* und war also doch auf der richtigen Spur, denn ich wünschte, meine Mutter hätte dieselbe Möglichkeit bekommen wie später ich, Schritt für sprachlichen Schritt die Ursache ihrer Leiden zu verstehen, und dass sie nicht sieben Jahren gewaltsamer und wirkungsloser Psychiatrie ausgesetzt hätte sein müssen, ehe sie zufällig einem Arzt begegnete, der zu verstehen versuchte, was sie sagte. Erzählte man ihr, »eine psychische Krankheit lässt sich mit einem gebrochenen Bein vergleichen und ist nichts, dessen man sich schämen muss«, geschah dies natürlich mit bester Absicht, nämlich um die Scham zu nehmen, in ›die Geschlossene‹ zu müssen, gleichzeitig spricht die Analogie zwischen dem Psychischen und dem Somatischen dieser Formulierung Bände über eine Psychiatrie, die Gemütszustände als biologisch begründet sieht. Im Rahmen dieses Konzepts kann das, was der Patient sagt, gar nicht zu einem Verständnis der Krankheit führen, weil es in sich keine Bedeutung hat und lediglich von der eigentlichen biochemischen Ursache herrührt. Aber dass das Gehirn der Sitz des Bewusstseins ist, ist ja nicht gleichbedeutend damit, dass Psyche und Soma, Seele und Leib dasselbe sind, und es ist mir ein Rätsel, wie man mit einem merkwürdigen Mangel an intellektueller Neugier der charakteristischen Rede depressiver oder psychotischer Patienten zuhören kann, ohne auf den Gedanken zu kommen, etwas derart Bedeutungsreiches könne kein beliebiges Symptom sein, sondern habe Wesentliches über die Krankheit selbst mitzuteilen.

Man verstehe mich bitte nicht falsch: Ich befinde mich keineswegs auf einem moralischen Natürlichkeitskreuzzug und bin unbedingt der Meinung, dass Psychopharmaka notwendig sein können, um in Akutsituationen und für kurze Zeiträume Selbstmord oder gefährliche Aggressionen zu verhindern und unerträgliche Angstzustände zu dämpfen. Was ich in Frage stelle, ist wesentlich fundamentaler als der offensichtliche praktische Nutzen dieser Medikamente, nämlich ihre Fähigkeit, die eigentliche Ursache psychischer Erkrankungen heilen zu können. In ihrem Buch *The Myth of the Chemical Cure* unterscheidet Joanna Moncrieff zwischen zwei Auffassungen von Psychopharmaka, nämlich ›the diseasecentred‹ und ›the drug-centred model of drug action‹, und während letzteres sich lediglich mit der Wirkung dieser Medikamente auf die Psyche beschäftigt, stellt man sich in ›the disease-centred model‹ vor, dass sie gezielt das chemische Ungleichgewicht korrigieren, das die Ursache der Krankheit sein soll, und somit, dass das Medikament nicht nur symptombehandelnd wirkt, sondern tatsächlich heilt.

In Raben Rosenbergs Artikel »Die psychopharmakologische Entwicklung 1950–1970« kann man lesen: »Später sollte sich zeigen, dass der antidepressive Effekt sowohl von Imipramin als auch später entwickelter Stoffe innerhalb der sogenannten trizyklischen Gruppe von Antidepressiva auf Einwirken auf die Signalübertragung zwischen Nervenzellen beruht (...) Dank dieser Forschung zeichnete sich eins der theoretischen Flaggschiffe der frühen Psychopharmakologie ab: gestörte Signalübertragung zwischen den Nervenzellen als der Störung nicht bloß bei Schizophrenie, sondern auch der großen klassischen Krankheit, der manisch-depressiven Psychose.«

Hier schließt man also umgekehrt – von der Wirkung auf die Ursache: Da diese Substanzen die Signalübertragung zwischen den Nervenzellen beeinflussen, muss ihr antidepressiver Effekt daran liegen, dass die Depression von einer Dysfunktion eben jener Signalübertragung verursacht wird. Und mir ist wirklich noch nie eine überzeugende Erklärung für den umgekehrten Zusammenhang zwischen einem biologischen Defekt und einem spezifischen, psychologischen Symptom begegnet, wie z.B. den lähmenden Selbstvorwürfen und dem Gefühl von Wertlosigkeit meiner Mutter. Während sich also wohl konstatieren lässt, dass die Wirkung einer bestimmten Substanz auf die Signalübertragung zwischen den Zellen einen antidepressiven Effekt hat, besteht die Argumentation für die umgekehrte Kausalkette (zwischen einer fehlerhaften Signalübertragung und den Symptomen des Patienten) in meinen Augen aus so vielen *missing links*, dass sie schwer zu akzeptieren ist. Dagegen kann jeder mit eigenen Augen feststellen, dass diese Substanzen nicht bloß einen spezifischen biologischen Prozess ansprechen, sondern das ganze Bewusstsein in eine chemische Suppe tauchen, die, was meine Mutter betrifft, aus ihr eine kümmerliche Schlafwandlerin machten und dieser intelligenten Frau die Möglichkeit raubten, sich mit dem auseinanderzusetzen, was in ihr vorging.

Als ich vor ein paar Jahren einem Verlag, den ich – nicht im sentimentalen, sondern in fachlichen Sinn des Wortes – als klassisch humanistisch einschätzte, den Vorschlag machte, eine Übersetzung von Moncrieffs Buch herauszugeben, biss ich auf Granit, und mir ist bewusst, dass ich mich hier auf besonders heikles Gebiet wage, wo eine Kritik dieser Behandlungsmethode sowohl bei Ärzten, die mit knappen Ressourcen und unter alles andere als idealen Bedingungen aufrichtig ihr Bestes tun, um zu helfen, wie auch bei den Patienten, die gute Erfahrungen mit der Psychiatrie haben, oft verständlichen Ärger hervorruft, was hinwiederum aber weder meine eigene Wut noch meine persönlichen Erfahrungen entwertet, über die nachzudenken ich mehr als vier Jahrzehnte Gelegenheit hatte, und die mitzuteilen ich mich nach dem Tod meiner Mutter jetzt frei und berechtigt und sogar auch verpflichtet fühle, denn wie der Herbst meine Jahreszeit ist, ist dies mein Buch, und als Gegengewicht zu Mallarmés Warnung, die Poesie dürfe sich nicht der Wirklichkeit unterwerfen, setze ich hier ein Gedicht von Paul Éluard, das in Gänze lautet: »Ich sage, was ich sehe / Was ich weiß / was wahr ist.«

20.

Während meiner ersten Jahre als Kopenhagener verschlang ich eine Unmenge von Horrorfilmen, vor allem einen bestimmten sah ich immer und immer wieder, nämlich William Friedkins *The Exorcist* aus dem Jahr 1973. Wenn Teenager einen derart großen Appetit auf filmische Schrecken haben, die wir Erwachsenen schlicht nicht ertragen, »weil das Alter uns unschuldig gemacht hat«, wie Henrik Nordbrandt schreibt, liegt das wohl daran, dass sie eine lustvolle Katharsis für all die aufgestaute Angst auslösen, die man in diesen Jahren in einer inneren wie äußeren Welt mit sich herumträgt, über die man kaum Macht hat.

Und ich habe keinen Zweifel daran, dass es mit einem (wenn auch, so wie ich es erinnere, nicht bewussten) Gefühl von Ohnmacht, meiner Mutter nicht helfen zu können, zu tun hatte, dass mich in *The Exorcist* nicht zuletzt die Parallelgeschichte von dem jungen Pater so sehr mitnahm, den Schuldgefühle quälen, weil ihm die Mittel für einen privaten

Pflegeheimplatz für seine demente Mutter fehlen, die deshalb in heruntergekommenen öffentlichen Anstalten untergebracht werden muss, zusammen mit geisteskranken Frauen, die sich jammernd und flehend um ihn drängen und die Arme nach ihm ausstrecken, wenn er zu Besuch kommt. Jedenfalls hinterließ diese Szene bei mir eine viel stärkere Wirkung als die grotesken Exzesse, für die der Film ansonsten berüchtigt ist, und so versessen ich auf *The Exorcist* auch sein mochte, war da außerdem noch eine Sequenz, bei der ich immer die Augen zukniff (und die ich tatsächlich erst richtig sah, als ich vor ein paar Jahren dann einen Essay über den Film schrieb), nämlich die Szene, in der das besessene Mädchen an große, lärmende Apparate fixiert schmerzhafte medizinische Prozeduren erduldet, deren Namen und Zweck ich nicht kannte, die ich aber im Dunkel des Kinosaals zweifellos mit den Elektroschocks assoziierte, die meine Mutter erhielt.

Anstatt ECT, *electroconvulsive therapy*, als eine geglückte moderne Revolution der Wissenschaft zu betrachten, weise ich darauf hin, dass die Idee einer Schockkur bei weitem nicht neu ist, sondern ein alter Traum der Psychiatrie, das schwierige Verständnis und die langwierige Behandlung psychischer Erkrankungen abzukürzen: Anfang des 18. Jahrhunderts kam an der Berliner Anstalt als Schockbehandlung eine sogenannte Drehmaschine zur Anwendung, in welcher der festgezurrte Patient zu seinem Grauen herumgeschleudert wurde, so wie man in noch früheren Zeiten Geisteskranke über eine Brücke gehen ließ, in der plötzlich eine Klappe aufging, worauf der Patient in den eiskalten See fiel und durch diesen Schock vermeintlich geheilt wurde. Von 1933 bis in die frühen Fünfziger galten Cardiazolschock und Insulin-Koma als regelrechte Wunder (deren Zeit, wie die aller Wunder, auf einmal vorbei war): Dass man die epileptischen Anfälle, die eine Cardiazol-Injektion hervorrief, für heilsam erachtete, beruhte einem Artikel von Jesper Vaczy Kragh in dem Buch *Geschichte der Psychiatrie in Dänemark* zufolge auf der Vorstellung eines »biologischen Antagonismus zwischen Epilepsie und Schizophrenie« (da man eine Unterrepräsentation von Schizophrenie bei Epileptikern beobachtet hatte), wohingegen Manfred Sakel, der Begründer der Insulin-Koma-Behandlung, vermutete, »dass das Insulin die aktivsten Hirnzellen blockierte – welche die Ursache der Psychose sein sollten – und gleichzeitig die ›normalen Bahnungen‹ stärkte«, was bekannt klingt, da man heute ganz parallel und ebenso vage meint, Elektroschocks würden die Neubildung von Nervenzellen anregen, die bei einer Depression zum Erliegen gekommen sei.

Dass manche Patienten nach der Behandlung mit Elektroschocks unbestritten eine – wenn auch nur vorübergehende – Milderung ihrer Depression erleben, ist zunächst mal eine pragmatische Rechtfertigung der Methode, die mich dennoch aus mehreren Gründen beunruhigt. Dabei denke ich in erster Linie nicht an Schäden oder Spätfolgen, sondern was mich ein weiteres Mal am meisten stört, ist, dass man sich, genau wie es bei Psychopharmaka der Fall ist, vor allem auf den Effekt konzentriert, und außerdem sehe ich keinen Grund, meine spontane Wahrnehmung der Krämpfe als Tortur und Strafe damit wegzuerklären, dass dieses Gefühl eher im Reich uninformierter Ammenmärchen heimisch ist als in der aufgeklärten Welt, solange die Wissenschaft, die ja gerade den Obskurantismus mit Rationalität übertrumpfen soll, sich nicht ernsthaft mit dem Inhalt dessen beschäftigt, was der Patient tatsächlich von seinen eigenen Leiden erzählt, denn auch wenn es wahr sein sollte, dass sich psychische Krankheit als Dysfunktion jener Neurotransmitter – *the usual suspects* – konstatieren lässt, bedeutet das ja nicht, dass dieser Defekt zwangsläufig die zugrundeliegende Ursache der Krankheit ist.

Dass die Psychiatrie so sehr bemüht ist, Psychisches auf Somatisches zurückzuführen, und damit aus meiner Sicht an der falschen Stelle sucht, liegt wohl nicht zuletzt an dem ewig frustrierten Ehrgeiz dieser Disziplin, als echte, evidenzbasierte Wissenschaft und vollgültiger Teil der medizinischen Gelehrtenrepublik anerkannt, statt bloß als der halbgebildete arme Vetter vom Land geduldet zu werden. Man lese z. B. diese begeisterte Passage aus der ›Wochenschrift für Ärzte‹ von 1949 (zitiert nach dem oben genannten Artikel), in der es heißt, es sei »›unumstritten, dass die Psychiatrie zurzeit die expansivste aller medizinischen Disziplinen ist.‹ Es ›lässt sich schwerlich bestreiten‹, so der Artikel weiter, ›dass die klinische Psychiatrie bedeutende Fortschritte auf Grundlage einer klar naturwissenschaftlichen Methode erzielt hat‹, und ›die Elektroschock-Therapie ist – zusammen mit der Insulinbehandlung

und der präfrontalen Leukotomie – der bedeutends-
te Beitrag auf dem Gebiet psychiatrischer somati-
scher Behandlungsmethoden unserer Zeit.‹« Deutlich spürt man die Lust des Texts an dem kühlen,
klinischen Vokabular, das die Psychiatrie weg von
dem geisteswissenschaftlichen Fokus auf das Subjektive hin in Richtung einer härteren, objektiven
Wissenschaft bewegt.

»Endogene Depression« lautete die Diagnose
meiner Mutter, ein Begriff, der mich irritiert, weil
seine ärztelateinische Aura von Expertise ein Wissen postuliert, das von ihm nicht gedeckt ist, bedeutet er ja doch bloß, die Erkrankung müsse – da wir
keine äußeren Ursachen erkennen können – von in-
nen kommen (und was das heißen soll, davon haben
wir keinen Schimmer). Dass eine alte Freundin, der
ich von Zeit zu Zeit auf der Straße begegne, mir das
eine Jahr erzählt, sie sei bipolar, während sie im
nächsten Jahr borderline ist und deshalb ein anderes
Präparat nimmt, ist einer von vielen Gründen, weshalb mein Vertrauen in die Fähigkeit dieser Diagnose, sinnvolle Aussagen zu treffen, begrenzt ist – und
dass so unbegreiflich viele junge Menschen heute
eine psychiatrische Diagnose bekommen, mit der

sie sich, im Glauben, das magische Akronym, ADD, OCD, ADHD, sei sozusagen die Summe ihrer Person, obendrein auch noch identifizieren, behindert meiner Meinung nach das Selbstverständnis des Einzelnen als einzigartiges, komplexes Wesen, das auch von seiner Erziehung und anderen Lebensumständen geprägt ist.

Weit davon entfernt, rational zu sein, scheint die Welt der Psychiatrie von dem banalen Aberglauben geprägt, dass Behandlungen wissenschaftlicher würden, sobald Chemikalien und Apparate, Blutproben und tabellarisch erfasste Zahlen im Spiel sind. Vor vielen Jahren fand ich in der Medizinischen Abteilung der Universitätsbibliothek in der Nørre Allé einen Artikel von Oberarzt Einar Geert-Jørgensen und seinen Kollegen am Frederiksberg Hospital über ihre wahnwitzigen LSD-Experimente Anfang der Sechziger, bei denen man mittels Import banalisierter psychoanalytischer Hilfsbegriffe räsonierte, die mutmaßlich heilende Wirkung der LSD-Halluzination liege daran, dass verdrängtes Material freigesetzt und wie von Zauberhand in die Persönlichkeit integriert werde (die sich in vielen Fällen ganz im Gegenteil als stark beeinträchtigt herausstellte, und der gesunde Menschenverstand sagt einem ja auch, dass eben genau nicht psychisch Kranke, sondern nur Personen, die überaus gefestigt sind, dieses starke Halluzinogen vertragen). Es wundert mich, dass man es überhaupt gewagt hat, LSD an im Vorhinein labilen Patienten auszuprobieren, wenn man sich vor den Versuchen zum einen bestens der Brisanz dieser Substanzen bewusst war und andererseits derart diffuse Vorstellungen bezüglich ihrer Wirkung auf spezifische Symptome hatte, dass man sie an so unterschiedlichen Phänomenen wie Angst, Depression, Impotenz, Schizophrenie, Schreibblockade und Transvestismus (!) ausprobieren musste, in der Absicht, das Indikationsspektrum nach und nach einzuengen, so wie es mich ebenfalls wundert, wenn die moderne Psychiatrie umgekehrt gestörte Neurotransmitter als Ursache für unzählige verschiedene Symptome betrachtet, die doch jeweils ihre ganz eigene Sprache sprechen.

Im selben Artikel macht mich außerdem stutzig, dass die Information, dass sich unter den Patienten im Verlauf der Studie zwei Selbstmorde, vier Selbstmordversuche und ein Mord ereigneten, in Form einer hübschen, kleinen Tabelle untergebracht ist, obwohl die Information doch auch als Text gut verständlich wäre, und ich möchte meinen, diese Eigentümlichkeit hat damit zu tun, dass eine Tabelle ›wissenschaftlicher‹ wirkt als ein Text, der mit seiner Vielzahl an Möglichkeiten in Sachen persönlicher Ton, Vorbehalte und Nuancierungen den objektiven Anschein untergräbt, und wohl auch damit, dass sich die tristen Fakten, tabellarisch zu klinischen Erfahrungen im Dienste der Forschung geläutert, leichter ertragen lassen.

Einen weiteren Einblick darein, wie die Psychiatrie, oder genauer: der Psychiater sich gerne selbst sieht, gewann ich, als ich in den internationalen psychiatrischen Zeitschriften, die ich in der Universitätsbibliothek recherchierte, auf Reklame von Medikamentenherstellern für Psychopharmaka stieß, die typischerweise einen Psychiater zeigten, der in patriarchaler Machtfülle hinter einem schweren Mahagonischreibtisch thront, vor dem ein besonders beklagenswerter und geplagter Patient sitzt und sich windet. Es lässt tief blicken, dass die Zielgruppe, an welche diese Annonce sich ja richtet, keine andere ist als die Psychiater selbst, sodass die Werbung für die positive Wirkung eines bestimmten Produkts auf den Patienten zugleich eine Reklame für die phallische Vollkommenheit ist, die mit der Macht, es zu verschreiben, einhergeht.

»Heutzutage haben wir ganz andere Möglichkeiten«, heißt es beruhigend, wie schon in allen Jahrzehnten zuvor – von den Lobeshymnen auf die Muntermach-Pillen der Fünfziger (Amphetamin) über die Barbiturate und Benzodiazepine der Sechziger zu den heutigen SSRI-Präparaten, den sogenannten Glückspillen, deren positiver Effekt stark umstritten ist, im Gegensatz zu den Nebenwirkungen, die allgemein anerkannt sind. Mir persönlich fällt es schwer zu sehen, worin hier der Fortschritt liegt, denn in Dänemark werden noch immer in großem Umfang Elektroschocks verabreicht, ebenso wie man wieder angefangen hat, mit psychedelischen Substanzen zu experimentieren, diesmal Psilocybin, und erst 2012 geriet das Projekt »Psychiatrie der Zukunft« der Hauptstadtregion Kopenhagen in eine ernsthafte Krise, als sein berühmter Pionier, der Klinikchef des Psychiatrischen Zentrums Glostrup, den Hut nehmen musste, weil sein Erfolg mit schnellen Entlassungen, den sogenannten »beschleunigten Behandlungsverläufen«, die von vielen psychiatrischen Stationen der Hauptstadt begeistert kopiert wurden, laut Presseberichten darauf basierte, dass die Patienten mittels lebensgefährlicher Mega-Dosen und gefährlicher Kombinationen von Medikamenten wie Leponex, Midazolam und Zyprexa in einen komplett passiven Zustand versetzt wurden (man bemerke nebenbei, dass es sich hierbei nicht um die aktiven Substanzen der Präparate handelt, sondern die Namen, unter denen die Produkte vermarktet werden, und die mit ihrer Vorliebe für die ›exotischen‹ Buchstaben z und x mit besonderen mystischen Eigenschaften aufgeladen werden). Angesichts der 690 000 Menschen, die heute in Dänemark Psychopharmaka nehmen, was uns weltweit zu einem der Länder mit dem größten Verbrauch dieser Art Medikament macht, besteht Grund, in Erwägung zu ziehen, ob die plötzlichen und frühen, sogenannten ungeklärten Todesfälle unter psychiatrischen Patienten sich mit diesen Medikamenten erklären lassen, von denen viele im Ruf stehen, starkes Übergewicht, Diabetes, Thrombosen und Herzinfarkte zu verursachen.

Psychiatriepatient zu sein, war freilich noch nie ein Vergnügen, aber mit all den radikalen Eingriffen und Kuren, die nun zur Verfügung standen, wie z. B.

Lobotomie, ECT und Behandlung mit Halluzino-
genen und schweren Psychopharmaka, scheint man
mir mit dem zwanzigsten Jahrhundert ins Mittel-
alter der Psychiatrie eingetreten zu sein, man verzei-
he mir die Formulierung. Aber sie brennt mir seit
vierzig Jahren auf der Zunge.

21.

»I remember everyone«, sagte meine Mutter auf dem
Sterbebett, als sie auf einmal Englisch redete. Und
ich bin sicher, dass sie sich wirklich an alle erinner-
te, denen sie begegnet war, so wie sie nie meine Mutter vergaßen. Humorvoll und ernst zugleich und mit
genauem Gespür für just ihr jeweiliges Gegenüber,
hörte sie intelligent und einfühlsam zu, wenn man
ihr etwas erzählte, ganz gleich ob in vertraulichem
Zwiegespräch oder in lebhafter Gesellschaft. Meine
Eltern hatten immer einen ausgedehnten Bekannten-
kreis, schon aus der Zeit, als sie als Siebzehnjährige
im Jahr 1949 mit einigen Jugendfreunden ihren
Club of Forty Nine gründeten, bis in die späteren
Jahre, als es, wenn ich ihre Wohnung betrat, gut sein

konnte, dass ich meine Mutter mit zwei, drei mir unbekannten alten Damen um das Scrabble-Brett versammelt fand wie Krähen um einen Karton Pizza. Nach meinen Lesungen und Vorträgen in Dänemark sprachen mich nicht selten Menschen an, von denen ich oft keine Ahnung hatte, wer sie waren, die aber, wie sich herausstellte, irgendwann mal – an einem Arbeitsplatz, einer Heimvolkshochschule oder beim Winterbaden – meine Mutter kennengelernt hatten und nun einfach ihre Dankbarkeit und ihren Respekt bekunden wollten und mich baten, einen Gruß auszurichten.

»Dansk Sprognævn, Vester Voldgade 115, Kbh.V« steht in der großen, geschwungenen Handschrift meiner Mutter auf der ersten Seite meines geerbten Exemplars von *Berlingskes Fremdwörterbuch*, und die Dänische Sprachkommission hat mit Sicherheit viele Fragen von ihr erhalten, denn wenn es etwas gab, was meine Mutter interessierte, dann war es Sprache, und die Freude an der Sprache hat uns beide ja auch immer verbunden: Auf einer hübschen Schwarzweißfotografie, die jetzt gerahmt hier in meiner Wohnung steht, sitze ich auf ihrem Schoß und beide schauen wir konzentriert in ein aufgeschlagenes Buch (das allerdings ein Bilderbuch sein muss, da ich nur ein kleines, pummeliges Krabbelkind bin).

So wie Bildende Kunst die Leidenschaft meines Vaters ist, war lesen und über Literatur diskutieren ihre, und in späteren Jahren, als sie an den Rollstuhl gefesselt war und ich als Bücherbote fungierte, musste ich bei der Auswahl vorsichtig sein: Ein neuer dänischer Roman wurde mit der Rezension »die schreibt ja wie eine Achtklässlerin« beiseitegelegt, während sie mit begeistertem Lachen aus Elena Ferrantes *Meine geniale Freundin* vorlas. Sosehr meine Generation (und in noch höherem Grad spätere Generationen) mit Englisch aufgewachsen ist, das rund um die Uhr aus allen Medien ertönt, war Englisch für meine Eltern eine echte Fremdsprache, die meine Mutter, solange ich mich erinnern kann, auf der Abendschule zu lernen versuchte, aber sich bis fast zuletzt zu sprechen genierte. Wären sie zehn Jahre später geboren, wären meine Eltern mit Sicherheit Akademiker geworden, mein Vater Kunsthistoriker und meine Mutter in einem der Sprachfächer, doch daran war überhaupt nicht zu denken, da etwas wie die Staatliche Ausbildungsförderung damals noch nicht existierte, und weder meine Großmutter mütterlicherseits noch die Eltern meines Vaters konnten es sich leisten, erwachsene Kinder als Kostgänger zu haben, im Gegenteil musste meine Mutter den Monatslohn meiner Großmutter aus der Druckerei aufstocken, der z. B. am 1. Mai 1951 nach festen Ausgaben, aber vor Steuern, genau 165 Kronen betrug. Doch ich frage mich, ob es in Wirklichkeit nicht eher ihr Glück war, dass weder mein Vater noch meine Mutter eine Universitätsausbildung bekamen, denn ich glaube, dass ihnen dadurch, dass sie ihr Geld anderweitig verdienen mussten und sie sich erst nach der Arbeit ihren Interessen widmen konnten, das Beste aus der Welt der Kunst und der Literatur zuteilwurde, die für sie all ihre Herrlichkeit bewahrte, unbesudelt von den Machtkämpfen, Animositäten und mehr oder weniger enttäuschten Ambitionen, die leicht damit einhergehen, dass man die Leidenschaft zum Beruf macht. Jedenfalls war es ihrem Sohn eine Freude und Inspiration, in einer Abenteuerwelt aus dicht mit Bildern behängten Wänden und umgeben von Regalen voller Bücher aufzuwachsen, die mein Vater, mit seinem Bankassistentengehalt als Sicherheit, auf Kredit anschaffte, erst bei Buchhändler Elling in Kalundborg und später in Kopenhagen bei

Harck in der Fiolstræde, in dessen jährlichem Ausverkaufskatalog auch ich Kreuzchen machen durfte.

Zu der Begeisterung für Wohnungseinrichtung und Kunst, die meinen Vater immer schon zu unbekümmerten Investitionen in ständig neue Häuser, Wohnungen, Bilder, Bücher und Möbel ermunterte, bildeten die Knappheitserfahrungen meiner Mutter aus Kindheitstagen in Verbindung mit ihrer ererbten bürgerlichen Selbstdisziplin ein Gegenwicht, und von der Zeit auf Stevns erinnere ich mich, wie sie das Haushaltsgeld in Umschläge aufteilte, die jeweils die Beschriftung *Essen, Kleidung, Transport, Sonstige Ausgaben* trugen. Alles in allem sind die großen Unterschiede zwischen diesen zwei Menschen wohl ein wesentlicher Grund dafür, dass ihre Ehe trotz der langen Krankheitsperiode meiner Mutter, während derer sie meinen Vater mit depressiver Selbstabwertung drängte, sich eine andere zu suchen, vom Club of Forty Nine bis zu ihrem Tod im Jahr 2020 hielt. Meine Mutter: nachdenklich, vernünftig und, all ihrem Verständnis für andere Menschen zum Trotz, eine eher in sich gekehrte Person, wohingegen mein Vater mit seinem Interesse für die konkrete Wirklichkeit und einem stupenden Sachwissen über alles von klassischer dänischer Kunstgeschichte bis dazu, wie man ein Roggenbrot backt, sich nach außen einer Welt zuwendet, in der er sich immer wohlgefühlt hat und die er, trotz all der lästigen Altherrenkrankheiten, die ihn jetzt plagen, zu entdecken nie müde wird.

Wenn ich die Fotografie meines Vaters betrachte, auf der er als Zwei-, Dreijähriger mit Pulli, Kniehosen und ausgelassenem Lächeln dieselbe innige Zufriedenheit mit dem Dasein ausstrahlt wie heute sechsundachtzig Jahre später, beneide ich ihn um seine Robustheit, doch betrachte ich das Bild der kleinen Hanne, die behutsam eine Schildkröte in der Hand hält, bekomme ich Lust, sie beschützend in meine zu nehmen. Und ich erinnere mich an die Geschichte meiner Mutter, als Henning ihr vorgaukelte, sie gingen »ein kleines Mädchen besuchen«, während sie in Wirklichkeit unterwegs ins Krankenhaus waren, wo meine Mutter operiert werden sollte, und an die Erzählung meines Vaters, wie meine Großmutter Emilie, genannt Emily, wenn sie zum Baden am Strand waren, den kleinen, nassen Kerl unter den Bademantel nahm und an ihrem Körper wärmte.

22.

Warum alle Freunde meiner Eltern von einem Tag auf den anderen aus unserem Leben verschwanden, weiß ich nicht recht, denn obwohl wahrscheinlich auch dies mit der Krankheit meiner Mutter, mit deren Beginn im Jahr 1969 diese große Verschwindenummer zusammenfällt, zu tun hat, muss ich also ein weiteres Mal über etwas schreiben, von dem ich nicht viel weiß.

Aber ich erinnere mich, dass die Stimmung im Haus auf Stevns in den Jahren vor der großen Stille intensiv lebendig und festlich war, denn fast jedes Wochenende versammelte sich eine große Schar von Freunden, die alle Mitte dreißig waren, bei meinen Eltern, wo sie aßen und tranken, Zigaretten und Pfeifen ansteckten, lachten und diskutierten, einen Spaziergang ums Moor oder unten am Kliff entlang machten, zur Musik unseres vierspurigen Tandberg-Tonbandgeräts tanzten oder sich ums Klavier versammelten und mitsangen, wenn meine Mutter die Nummern aus *Fireside Book of Folk Songs* spielte.

Wie schick und faszinierend sie waren, wenn sie in den kleinen, kessen Autos ankamen, die sich nun auch die Mittelklasse leisten konnte, ein schwarzer Volkswagen und ein roter Morris Mascot in der Einfahrt verhießen Gutes. Und meine Bewunderung für sie alle miteinander war grenzenlos; Max, der für Codan Bilen am Halmtorvet Taxi fuhr und gleichzeitig bei Aage Henriksen dänische Literatur studierte, Erik, der Lehrer an der rauhen Fælledvejens Skole in Nørrebro (wo die Mädchen, wenn er auf der Treppe vorbeikam, Handstand machten, dass die Röcke purzelten) und mit seinem pechschwarzen Haar und ironischem Zwinkern im Auge für mich der Inbegriff von Lässigkeit war, ein richtiger Kopenhagener, und dann ihre schönen Gattinnen, die blonde, finnische Leila, und Kirsten, die wie ein italienischer Filmstar aussah und immer gern mit mir lachte. Fasziniert lauschte ich Max mit dem imponierenden kahlen Schädel, wenn er sich nach dem Mittagessen zurücklehnte und einen labyrinthisch verschachtelten, literarischen Gedanken entspann, dem keiner von uns recht folgen konnte, wogegen alle, inklusive wir Kinder, wieder ohne ganz (und doch!) zu verstehen, was vor sich ging, die knistern-

de Atmosphäre genossen, wenn, den nackten Ober-
körper über den Rasenmäher gebeugt, die Männlichkeit zur Schau gestellt wurde, während die Frauen
sich auf Liegestühlen räkelten und die sonnengebräunten Arme mit Nivea-Creme einrieben. Und
vielleicht am schönsten von allem, wenn meine Mutter mir zur Gutenacht die Hand den Nacken hatte
hinuntergleiten lassen: eines Sommernachts oben
im Haus im Bett liegen und den fernen Stimmen
und dem Lachen der Erwachsenen lauschen, ge-
borgen einschlummern und dennoch mit von der
Partie bei dem großen Fest. Das also plötzlich vorbei war.

Verschwanden sie wie eine aufgeschreckte Schar
Vögel, weil über meine Mutter schlagartig eine tiefe
Finsternis kam, oder hatte irgendein Vorfall zwischen ihnen eine Depression ausgelöst, die sie womöglich schon immer latent in sich getragen hatte?
Darüber habe ich viel nachgegrübelt, obwohl ich
die Antwort vielleicht lieber nicht wissen will, die
sich auch nicht in ihrer Familienchronik findet, die
keine dieser einst so wichtigen Personen seltsamerweise auch nur mit einem Wort erwähnt. Diese Aus-
lassung ist nun mal die Verfügung meiner Mutter,

die anzufechten ich kein Recht habe, denn so, wie die Store Kongensgade 23 für mich der Ort ist, an dem die Spitze des Zirkels platziert ist, für meine Brüder und Eltern aber vielleicht nur eine Adresse auf ihrem Lebensweg, können diese Menschen, die ich ja mit dem verzauberten Blick eines großen Kindes sah, in Wirklichkeit mehr für mich als für meinen Vater und meine Mutter bedeutet haben, deren Schweigen über diesen Höhepunkt meiner Kindheit ich respektieren muss, denn »man ist manchmal bestrebt, die kleine Schar zu vergessen, die zu Beginn unsres Lebens so wichtig war«, wie Patrick Modiano in *Memory Lane* schreibt.

Aber ich werde den Gedanken nicht los, dass das Zusammensein in dieser Gruppe erwachsener junger Menschen wohl auch etwas zu intensiv war – mehrere Ehepaare zogen sogar in unser kleines Dorf, um näher bei den anderen zu sein (auch wenn alle dann doch zu bürgerlich waren, um eine richtige Kommune zu gründen), und aus meiner Jugend weiß ich, wie die gegenseitige Begeisterung im Magnetfeld einer Freundesgruppe unmerklich Grenzen verwischen kann, die man erst bemerkt, wenn es zu spät ist. Und das wurde es: »Könntest du meine

Rechnung beim Kaufmann bezahlen?«, war das Letzte, was mein Vater von Erik hörte, nachdem er und Kirsten sich getrennt hatten, worauf beide wegzogen und einfach verschwanden.

Wie jung sie doch allesamt auf den alten Schnappschüssen aussehen, deren Motive im Takt damit, dass die verblassenden Farben ins Papier zurückweichen, verwischen. Nur wenige Auskünfte über die Verschwundenen sind von einem Internet erfasst, das sonst die Spur jedes einzigen modernen Menschen verfolgen kann, aber ja erst lange nach der Jugend dieser Personen eingeführt wurde. Wer also wissen will, was mit Max Røbel, Erik Kobbelvedt, Niels Henrik Hørlyck und ihren hübschen Gattinnen (die vielleicht schon längst andere angeheiratete Namen tragen) geschah, irrt in einem Roman von just Modiano umher, in dem schwer zu greifende, phantomartige Schicksale mittels hyperkonkreter *facts* wie Daten, Telefonnummern und Adressen eingekreist werden sollen. Sucht man z. B. nach »Erik Kobbelvedt«, findet man zwar einen hübschen, dunkelhaarigen Jungen (der tatsächlich dem erwachsenen Mann, den ich kannte, ähnelt) als Nr. 6 von links in der vordersten Reihe auf dem Klassenbild der 2 D, Jahrgang 1947–48, Schule am Sund, Samosvej Nr. 50. Des Weiteren am 1. Januar 1970 (also im Jahr nach seinem Wegzug von Stevns) registriert als Mitglied Nr. 34 des Eigentümervereins Baunehøjpark, 3500 Værløse. Doch hier verliert sich die Spur.

23.

Ja, was bleibt von uns? In den fünfundzwanzig Jahren, die ich bei den Zusammenkünften der Dänischen Akademie in Rungstedlund mit am Tisch saß, habe ich, als die Jahre vergingen, bemerkt, wie sowohl verstorbene wie ausgetretene Mitglieder, die eben noch so viel bedeuteten und bestimmten und Raum einnahmen, jetzt auch nicht mit einem Wort erwähnt werden. Und es ist wohl weder dem Unwillen noch einer Eigenschaft just dieser Versammlung geschuldet, dass ehemalige Mitglieder schon bei der ersten Zusammenkunft nach ihrem Ausscheiden nie existiert zu haben scheinen, sondern schlicht eine soziale Gesetzmäßigkeit: dass, kaum haben wir uns vom Stuhl erhoben und der Tür zugewandt, eine unbekannte Hand über das Gesicht streicht und es für immer entfernt.

24.

Nach dem Aufenthalt in der Reha-Klinik und lange vor ihrem Todeskampf im Krankenhaus wohnte meine Mutter zu Hause in der Wohnung, die (zur Verzweiflung meines Vaters) voll seltsamer Maschinen war, um sie aus dem und ins Bett zu hieven und einen Rollstuhl die Treppe hoch- und runterzuwuchten, und in die fünfmal am Tag Pflegeassistenten kamen, um bei Duschen, Toilettengang und Zubettgehen behilflich zu sein.

Wenn man ins Zimmer kam, saß sie mit dem Rücken zu dem Eintretenden mit unbeweglich gesenktem Kopf, um sie zu begrüßen, musste man also tief in die Knie gehen und sah von unten hoch in ihr Gesicht, das auf den Gast mit dem denkbar lebendigsten, klarsten und – kaum zu glauben – humorvollsten Blick hinableuchtete. An dem festen Platz des Rollstuhls vorm Esstisch hatte sie ihrer Gewohnheit treu ein durchdachtes Büro eingerichtet, komplett mit Schreibutensilien, Briefordnern und Rollkommode, damit sie von ihrer fixierten Position alles erreichen konnte, und als ihr Organisationseifer so weit ging, dass sie, sehr zum Nutzen etwaiger Einbrecher, sämtliche Benutzernamen und Passwörter in einem sorgsam mit der Aufschrift »Geheimcodes« versehenen Ringordner sammelte, war das Gelächter groß, so wie sie über sich selbst lachen musste, als die Halluzinationen der Parkinsonmedikamente sie glauben ließen, sie sei eben erst in der Schweiz gewesen, wo sie sich doch schon seit Monaten nicht mehr vom Fleck rühren konnte. Derart festgenagelt und dennoch mit stets rotierendem Radar fragte sie immer detailliert nach allen, die man kannte und gesehen hatte, sodass, als sie nicht mehr auf die Wordfeud-Züge ihrer Freundinnen reagierte, Grund zur Sorge bestand.

Drei Mal brachte sie der Notarzt zur Akutbehandlung ins Bispebjerg Hospital, nachdem sie zu Hause in der Wohnung das Bewusstsein verloren hatte, und als in der Notaufnahme plötzlich sieben, acht alarmierte Krankenschwestern und Ärzte um sie standen, musste sie unverzüglich ein weiteres Mal operiert werden. In diesen bangen Nachtstunden versammelte sich die ganze Familie auf den Plastikstühlen unter dem schmutzigen Deckenlicht der Wandelhalle in dem kleinen, ramponierten Hochhaus, das alle Taxifahrer als Bispebjerg Bakke 23, Haus 60 kennen. Als sie nach der Operation wieder zu sich kam und ich an der Reihe war, sie auf der Intensivstation zu besuchen, wo sie überall von Schläuchen, Kabeln und kleinen, blinkenden Apparaten umgeben lag, befürchtete ich, die Sauerstoffzufuhr zum Gehirn könnte unterbrochen gewesen sein, fand aber doch, ihre Wangen hätten etwas Farbe bekommen, und sagte, sie sehe besser aus als letztes Mal. »Ich wünschte, ich könnte dasselbe von dir sagen«, antwortete sie, und da wusste ich, dass zumindest der Kopf meiner Mutter keinen Schaden gelitten hatte.

Als »die Dame mit dem schwarzen Buch« war sie beim Krankenhauspersonal bekannt, denn ganz gleich auf welche Station man sie wieder einmal verlegte, brachte sie den zweiten Band von Lars Saabye Christensens *Die Spuren der Stadt* mit, in dem sie trotz ihrer rasch schwindenden Kräfte weiterzulesen versuchte. Doch langsam glitt sie in einen zwischen Bewusstlosigkeit und einer seltsam unwirklichen Klarheit kippenden Zustand, und als ich sie an einem der Tage fragte, wie es ihr gehe, antwortete sie mit einer auffälligen Formulierung: »Ich habe das Gefühl, dass es mir ganz wunderbar geht«, was ja doch insofern Sinn ergibt, als all die Liebe, die sie in die Welt hinausgeschickt hatte, wieder zu ihr zurückkehrte, sowohl von der engsten Familie, die Tag und Nacht um ihr Bett versammelt war, als auch von Menschen, die ihr im Lauf des Lebens begegnet waren und weiterhin auf dem weitreichenden Radar aufleuchteten.

Das kleine Buch mit der Auswahl ihrer Gedichte, das mein jüngerer Bruder Morten mit dem Titel *Hanne schrieb* anfertigen ließ, konnte sie noch voll Freude und Zufriedenheit in die Hand nehmen, und auch wenn sie im Lauf der Tage nach und nach beinah verschwand, reagierte sie immer noch irgendwo tief im Innern auf Wörter wie »Rotwein« und »Goldschmuck«, denn diese sinnliche Freude an Genuss und Schönheit steckte so voll Lebenskraft, dass sie auf dem Weg in den Himmel die Erde mitnahm, wie Hanne in ihrem alten Gedicht schrieb, und obschon sie es wohl selbst nicht mehr registrierte, bleibt für mich unvergessen, wie meine Ex-Frau, Nanette, und meine Stieftochter, Ida Amalie, ihre Hände von

der Bettdecke hoben und den roten Nagellack auf-
trugen.

»I know / I don't know / I know / I don't know«,
sagte sie, und mir schien, als schwankte sie im Angesicht des Todes nun dazwischen, alles und gar nichts
zu wissen. Lange fürchtete ich, nach ihrem Tod in
Panik darüber aufzuwachen, dass sie nicht mehr in
der Welt war, und wenn das nicht geschehen ist,
dann wohl, weil sie mir genug Liebe gab, um auch
ohne sie leben zu können. Doch manchmal überkommt mich ganz plötzlich eine Trauer, nie wieder
ihre Stimme meinen Kosenamen sagen zu hören, der
allein unsrer war und hier darum mit unsichtbarer
Tinte stehen soll.

25.

Ich hole meinen Vater an der Haustür ab, und dann
gehen wir gemeinsam zum Holmen-Friedhof, um
das Grab meiner Mutter zu besuchen. Unterwegs
erzählt er von den geänderten Buslinien zum Win-
terbadeclub, dem Architekten, der den neuen Flügel
des Rigshospitalet entworfen hat, von dem Atelier

der Malerin Magdalene Hammerich in der Lunds-
gade Nr. 9, und er fragt, ob ich weiß, wem das große
Palais gehört, das mitten auf der Hammarskjölds Allé steht und verlottert? Ich weiß es nicht. »Das sind
Wintertulpen«, sagt er und zeigt auf ein paar kleine
rote Blumen, als wir den Friedhof erreicht haben,
»und am Kastell hat es wilde Tulpen.« Dass er den
Verlust seiner Ehegattin betrauert, die er einundsieb-
zig Jahre lang kannte und mit der er Eiserne Hochzeit gefeiert hat, hat diesem alten Mann nicht die Le-
benslust rauben können, der gut auf sich achtet und
zusieht, dass er jeden Tag einen Spaziergang macht,
in den Läden des Viertels einkauft, selbst seine Mahl-
zeiten zubereitet und im Kleiderschrank Ordnung
hält, in dem die Hemden und Jacken säuberlich auf-
gereiht hängen, und jeden Abend die Zeit vergisst
und zu spät ins Bett kommt, weil er noch auf ist
und liest. »Wenn man *so* alt werden könnte«, denke
ich, aber ich bin nicht er, denn im Gegensatz zu mir
kreist er nicht um sich selbst, sondern um alles um
ihn herum: Und andererseits ist er auch nicht ich,
der ich wieder am Schreibtisch sitze und schreibe,
was man wohl kaum tut, wenn die Rechnung zwischen einem selbst und der Welt mehr oder weniger

aufgeht. Auf dem Rückweg begeistert uns der Anblick einer Schar schwarzer Vögel hoch über den
Seen, eine scharfe Formation unruhiger Zeichen, die
plötzlich aufbricht und sich zu einer neuen, unvor-
stellbaren Konstellation schließt.

26.

Jahrzehntelang wollte ich Mogens Jacobsen schreiben und ihm für das, was er für meine Mutter getan
hatte, danken, aber weil sie nicht an die Zeit ihrer
Krankheit erinnert werden wollte, konnte ich einen
solchen Brief ihr gegenüber nicht erwähnen, und
hätte ich trotzdem geschrieben, würde es sich ange-
fühlt haben wie ein Verrat, also musste es warten, bis
sie einmal nicht mehr war. Mogens Jacobsen kam
ihr jedoch zuvor und starb im Jahr 2016, denn die
Vergangenheit fällt. Vor mir.

27.

Ganz besonders vermied sie es, über die Wohnung im vierten Stock in der Store Kongensgade 23 zu reden, von der sich meine Eltern im Jahr 1978 trennten, weil meine Mutter sie mit der Depression verband, und bestimmt bin ich als Siebzehnjähriger aus demselben Grund von zu Hause ausgezogen, um in einem Zimmer draußen in der Stadt ich selbst zu sein, nachdem ich nur ein Jahr an dieser Adresse gewohnt hatte, die jedoch ihrerseits in mich einzog. Wer so lange das Straßennetz dieser Stadt durchkreuzt, kommt unweigerlich an Orten vorbei, an denen man vor vielen Jahren in damals wichtigen Angelegenheiten unterwegs war, oder sieht im Schaufenster eines Antiquariats ein zerdelltes Buch, das einem einmal so viel bedeutete, während Jethro Tulls »it was a new day yesterday, but it's an old day now« im Ohr klingt, aber dann brauche ich nur um die Ecke biegen und vor der Store Kongensgade 23 stehen, und die Zukunft beginnt von vorn:

Durch die Glasscheibe der Eingangstür sehe ich

den schachbrettgemusterten Terrazzoboden, die hohen hellgrauen Paneele und das elegant geschwungene Treppengeländer, das sich im Haus nach oben windet, und dann überkommt mich die Erinnerung an den Geruch der Farbe und der Teppichböden (seltsam, dass man Gerüche erinnern kann) in unserer neuen Wohnung, die wir vor dem Einzug bestimmt von Stevns aus besichtigt haben, denn in meinem Bewusstsein ist sie immer so leer, dass für die Fantasie reichlich Platz ist, nicht zuletzt die Fantasie, diese Wohnung, die mein Vater 1972 für 200000 Kronen kaufte, jetzt aber immer für um die acht Millionen gehandelt wird, wenn fremde Menschen sie unbefugt übernehmen, mithilfe eines Lottogewinns zurückzuerobern.

In den zwei schönen Zimmern en suite zur Straße wäre ich dann *in business*, würde E-Mails und Anrufe beantworten und am Kiefernholztisch Büro spielen und dabei souverän über der Straße schwebend dem unablässig rumpelnden Fest des Verkehrs lauschen und den Anblick genießen, wie die Sonne in den blanken Autos blitzt und als Lichtkleckse reflektiert an der Decke tanzt. Und hinten, in dem dämmrigen, ovalen Eckzimmer, stünde meine Bibliothek, und hier könnte ich dem Ganzen den Rücken kehren und von den Buchseiten alles auf mich einströmen lassen, nachts aber zöge ich mich in eins der stillen Zimmer tief in der Wohnung zurück, läge auf dem Bett und lauschte dem seligen Geräusch des Herbstregens unten im Hof oder rollte mich ein und schliefe wie ein Bär im Winterdunkel, um am nächsten Morgen in einer wiedererstandenen Welt zu erwachen.

28.

Jeden Sommer kommt Jane nach Kopenhagen ihre Familie besuchen, und dann gehen wir gemeinsam abendessen und ziehen danach weiter in eine der alten, verrauchten Kneipen, die aus den Siebzigern überlebt haben, und als wir letztes Mal in der Store Kongensgade an einem der Tische vor dem *Hereford Steak* saßen und Rind aßen und uns betranken, warf sie einen Blick über die Straße und sagte:

»Wir sitzen gegenüber *dem Haus*.«

*

Anmerkung

Dank an meine ersten Leser Jens-Martin Eriksen und Frederik Stjernfelt.

Und an Hans Drachmann, Anne Lise Marstrand-Jørgensen, Jesper Vaczy Kragh und Raben Rosenberg, denen ich für Auskünfte Dank schulde, die mir beim Verfassen der Kapitel 19 und 20 dieses Buchs von Nutzen waren, was selbstverständlich in keiner Weise bedeutet, dass sie für meine Ansichten verantwortlich sind.

Ebenfalls Dank an Morten Kirckhoff für die Bilderserie aus Oringe.

Literaturangaben

Søren Ulrik Thomsen, *Der Weg zwischen zwei Schulen* in *Mein Schulweg*, Kopenhagen 1989 (sowie als Nachdruck in allen Ausgaben von *Samlede Thomsen*, zuletzt 2021). Mit anderen Details und anderen Auslassungen kann man hier dieselbe Geschichte lesen wie in dem vorliegenden Buch, jedoch einunddreißig Jahre früher erzählt.

Søren Ulrik Thomsen, *Die Ballade vom dünnen Mann* in *Repremiere i mit indre mørke*, Kopenhagen 2009 (und ebenfalls in sämtlichen Ausgaben von *Samlede Thomsen* nachgedruckt), wo man im dritten Kapitel des Essays eine weitere Charakterskizze meines Vaters lesen kann.

Peter Handke, *Wunschloses Unglück*, Frankfurt am Main 1972, in dänischer Übersetzung von Birte Svensson 1976 erschienen.

Hanne Thomsen, *Ein Alltagsleben im 20. Jahrhundert – und andere Geschichten aus dem Familienleben*, Privatdruck 2018.

Hanne Thomsen, *Hanne schrieb*, Ausgewählte Gedichte, Privatdruck 2020.

Raben Rosenberg, *Die psychopharmakologische Entwicklung 1950–1970*.

Jesper Vaczy Kragh, *»Es ist wie ein Wunder!« Schockbehandlung mit Insulin und Cardiazol 1937–54*.

Beide obengenannten Artikel in:

Jesper Vaczy Kragh (Hrsg.), *Die Geschichte der Psychiatrie in Dänemark*, Kopenhagen 2008.

Joanna Moncrieff, *The Myth of the Chemical Cure – A Critique of Psychiatric Drug Treatment*, London 2009.

Einar Geert-Jørgensen, Mogens Hertz, Knud Knudsen und Kjærbye Kristensen, *LSD-treatment – experience gained within a three-year period*, in: Acta Psychiatrica Scandinavica, November 1964.

Alex Frank Larsen, *Gespaltene Sinne – Heimliche Versuche mit LSD*, Kopenhagen 1985.

Andreas Relster, *Das Medikament wirkt nicht, aber die Nebenwirkungen sind real*, Information, 19. September 2009, wo man lesen kann, dass der »Amtsarzt der Region Midtjylland, Børge Sommer darauf hinweist, seit dem zweiten Weltkrieg hätten Ärzte bei psychischen Problemen ›den einen oder anderen Stoff‹ verschrieben, im Glauben, sie damit lösen zu können. ›Zuerst waren es die Muntermach-Pillen, dann kamen die Barbiturate, von denen man durchaus wusste, dass sie nicht ganz ungefährlich waren, weil eine Überdosis ja tödlich sein konnte. Darum war es ganz wunderbar, dass Mitte der 60er die Benzodiazepine groß rauskamen. Die hat man als völlig harmlos vermarktet‹, sagt Børge Sommer. Jetzt, 50 Jahre später, sehe man allmählich ein, dass auch sie nicht die Lösung all unsrer Probleme sind. Die große Frage für Børge Sommer ist, ob man nicht bloß ein weiteres Mal zulässt, dass die Geschichte sich wiederholt, jetzt eben nur mit Glückspillen.«

Medizin macht alles schlimmer – Gespräch mit Janus Christian Jakobsen, Oberarzt. Copenhagen Trial Unit, Rigshospitalet, in: Anne Lise Marstrand-Jørgensen, *Ein Fluss soll fließen – Gespräche und Erinnerungen über Angst und Depression*, Kopenhagen 2018.

TV-Dokumentation *Das Dilemma der Psychiatrie*, Episode 1–3, DR (Danmarks Radio) 2019.

Sowie Hans Drachmanns zahlreiche Artikel in *Politiken* zu Übermedikation am Psychiatrischen Zentrum Glostrup, z. B.:

Hans Drachmann, *Psychiatrie an der Nadel*, Politiken 24. Juni 2012.

Hans Drachmann und Sebastian Goos, *Jahrelange Übermedikation*, Politiken 7. Oktober 2012.

Bibliothek Suhrkamp
Verzeichnis der letzten Nummern